Lebensraum Verlag,
Sportstrasse 331, A-5733 Bramberg
www.lebensraum-verlag.com
Kontakt: buch@lebensraum-verlag.com

© 2015 by
Lebensraum Verlag
Alle Rechte vorbehalten

ISBN: 978-3-903034-09-9
1. Auflage Juli 2015

Alle Rechte vorbehalten. Kein Teil des Buches darf in irgendeiner Form (Druck, Kopie; Internet oder anderes) ohne schriftliche Freigabe des Verlages reproduziert oder verbreitet oder vervielfältigt werden.

Vorbehaltserklärung: Der Zweck dieses Buches ist Informationen über Hoppen zu vermitteln und darüber zu berichten. Im Falle eines Verlustes oder Schadens der direkt oder indirekt mit den in diesem Buch enthaltenen Informationen gegenüber gebracht werden könnte, sind weder der Autor noch der Verleger oder Verlag verantwortlich oder schadenersatzpflichtig. Ebenso wird eine Haftung für Personen, Sach- und Vermögensschäden ausgeschlossen.

Fotos: Manfred Mohr, iStock Photo, 123 RF, Luna Design KG, stockxchng, Susanne Baur

Gestaltung: Luna Design KG
Lektorat: Cäcilia Peyer

Inhaltsverzeichnis

Einführung und Begrüßung 8

Tag 1: Dein Startschuss zu
einer neuen Sicht der Welt....................... 14
Tag 2: Achte auf deine Gedanken 20
Tag 3: Das Bild von dir selbst 24
Tag 4: Schau in den Spiegel 28
Tag 5: Tat Tvam Asi 32
Tag 6: Thema Partnerschaft, Klappe/die erste..... 36
Tag 7: Partnerschaft, die zweite:
Der Honeymoon Effekt 40
Tag 8: Das klassische Hooponopono.................. 44
Tag 9: Dein Lebensbild 48
Tag 10: Vielleicht ist nur unser Denken falsch? 52
Tag 11: Die vier Sätze des Hooponopono 56
Tag 12: Die Kraft der Vergebung 60
Tag 13: Dir selbst verzeihen 64
Tag 14: Die Liebe entzünden 68

Tag 15: Wie die Liebe wirkt 72
Tag 16: Nur was du liebst,
        kannst du auch verändern 76
Tag 17: Typische Fragen.. 80
Tag 18: Herz und Schmerz 84
Tag 19: Die Rolle der Gefühle 88
Tag 20: Dein Herz befragen 92
Tag 21: Die doppelte Verständnistechnik 96
Tag 22: Deine Resonanz erkennen........................ 100
Tag 23: Das Auto der Freundin 104
Tag 24: Die Motorrad-Tour 108
Tag 25: Warum verletze ich meinen Partner? 112
Tag 26: Kleine Wunder, die geschehen 116
Tag 27: Mit anderen hoppen.................................. 120
Tag 28: Ich und du und die Weltwirtschaftskrise... 124
Tag 29: Die neue Dimension
        der Realitätsgestaltung............................. 128
Tag 30: Hoppen in 30 Tagen geht zu Ende............ 132

„Mit der Zeit wird ein rundes Bild entstehen, in dem du dich und deine Umgebung mit ganz neuen Augen betrachten kannst."

Manfred Mohr

Einführung und Begrüßung

Herzlich willkommen zum Kurs „**In 30 Tagen Hoppen lernen**"! Mit dem Kauf dieses Buches hast du dem Universum deinen Entschluss signalisiert, dich mit der hawaiianischen Vergebungstechnik Hooponopono wirklich und näher zu beschäftigen. Die Texte sind Mitschriften des gleichnamigen Online-Kurses, den ich bereits dreimal in den vergangenen Jahren gemeinsam mit der Seminarorganisation Nastasi durchführen durfte. Das Buch ist in 30 Lektionen gegliedert, die du jeden Tag einzeln durchlesen kannst, mit einer passenden Übung zum Abschluss. Ich empfehle dir, jede Übung nach dem Lesen auch gleich durchzuführen und

begleitend in einem Kursbuch festzuhalten. Natürlich steht es dir frei, auch gleich mehrere Kapitel am Tag zu lesen. Weniger ist aber - meiner Erfahrung nach - gerade beim Lernen mehr, denn du wirst durch die Übungen langsam eine neue Weltsicht erlangen. Dafür genügt es nicht, die Übungen nur zu lesen...
Die einzelnen Kapitel sind kurz, aber prägnant. Im Laufe des Kurses werde ich dir auch immer wieder etwas über die Weltanschauung der Hawaiianer erzählen, sodass dir ihre Sichtweise immer verständlicher wird. Mit der Zeit wird ein rundes Bild entstehen, in dem du dich und deine Umgebung mit ganz neuen Augen betrachten kannst.

Hooponopono kenne ich jetzt seit 8 Jahren. Bärbel und ich haben es damals laufend praktiziert. Dabei entstand im Freundeskreis eine verwandte, aber doch eigene Technik von uns beiden, die Bärbel dann etwas scherzhaft als „Hoppen" abgekürzt hat. Auch, um es vom „normalen" Hooponopono abzugrenzen. Für sie war es eine neue, noch stärkere Form des Bestellens. Deshalb wurde unser Buch aus dem Jahr 2008 dann auch folgerichtig betitelt: **Cosmic ordering – die neue Dimension der Realitätsgestaltung aus dem alten hawaiianischen Hooponopono.** Es liegt seit Beginn 2014 auch als Taschenbuch vor: **Hooponopono- eine Herzenstechnik für Heilung und Vergebung.**

Ich werde dir in diesem Kurs beide Techniken vorstellen, sowohl das ursprüngliche Hooponopono als auch das Hoppen. Hoppen soll aber der Schwerpunkt sein.
Wie funktioniert das hawaiianische Ritual nun wirklich?
Ich muss zugeben: Auch mir bereitete der erste Kontakt mit der Idee des Hooponopono richtiggehend Kopfzerbrechen. Keine andere mir bekannte Herangehensweise ist dermaßen kompromisslos, denn der Satz „Alles ist mit allem verbunden" wird hier konsequent zu Ende geführt.

Wenn ich mit jedem Menschen und überhaupt mit allem in dieser Welt untrennbar verbunden bin, dann muss ich doch in gewisser Weise auch dazu in der Lage sein, positiven Einfluss darauf zu nehmen. Alles, was ich dazu beim Hoppen tun muss: Jeden Teil, der mit einem bestimmten Problem in meinem Leben in Resonanz steht, zu lieben, ihm zu danken und ihn anzunehmen. Wie beim Bestellen muss man es einfach einmal versucht haben, denn erst die eigene Erfahrung kann wirklich überzeugen.

Und der Erfolg gibt dieser Form des Verzeihens wirklich Recht!

Zurzeit ist das hawaiianische Hooponopono in aller Munde. Immer mehr Menschen gelingt es gerade, einen eigenen Zugang zu dieser uralten Vergebungstechnik zu entdecken. Die ersten Bücher sind bereits in den Bestsellerlisten gelandet. Auch ich durfte Anfang 2013 gleich zwei neue Bücher zu diesem Thema auf den Markt bringen. Sie bilden gemeinsam mit dem oben genannten **Cosmic Ordering** die Grundlage dieses Online-Kurses.
Es lohnt sich bestimmt, während des Webinars einmal begleitend in diese Bücher hineinzu schnuppern:

Das kleine Buch vom Hoppen – den Weg des Herzens gehen mit Hooponopono beschreibt vor allem viele Übungen für den näheren Kontakt zu deinem Herzen. Es geht besonders darum, die Liebe in deinem Herzen zu entdecken und sie einzuladen, den Teil in dir zu lieben, der mit dem Problem in deinem Außen in Resonanz ist. Einige dieser Übungen werden in abgewandelter Form auch in diesem Kurs Verwendung finden.

Verzeih Dir! Inneren und äußeren Frieden finden mit Hooponopono geht über das Hoppen hinaus und gibt einen

Überblick über das Hooponopono selbst sowie verwandte Vergebungstechniken. Außerdem werden neue Varianten des Hoppens vorgestellt. Zu diesem Buch gibt es auch ein gleichnamiges Hörbuch mit den schönsten, von mir selbst gesprochenen Übungen aus diesem Buch.

Du wirst feststellen, dass dieses Seminar sehr persönlich ist. Bei der Technik des Hoppens wenden wir uns ganz nach innen und treten in Kontakt mit unserem Herzen. Darum habe ich von Beginn an die vertrautere Anrede des „Du" gewählt. Ich hoffe, dies ist in Ordnung für dich.

Auf der Bärbel-Mohr-Homepage www.baerbelmohr.de steht dir das Hoppen-Forum zum Üben zur Verfügung. Einfach auf Forum klicken, und dann auf das Hoppen-Unterforum. Hier kannst du dich in viele Themen einlesen, die bereits gehoppt wurden, und auch selbst eigene größere oder kleinere Problemchen der Community zum Mithoppen einstellen. Es ist sicher eine gute Unterstützung, während dieses Kurses hin und wieder dort vorbeizuschauen!

Nun noch kurz etwas zu den Inhalten:
Die ersten Tage führen dich langsam an die Sichtweise des Hooponopono heran.

Ab Tag 8 erfährst du dann mehr über das klassische Hooponopono in verschiedenen Varianten.

Ab Tag 11 gehen wir immer stärker in Kontakt zum Herzen. Beim Hoppen geht es vor allem darum, dich in einer Form von Gebet an die Liebe im Herzen zu richten, damit sie dein inneres Problem zu lösen hilft, das mit dem äußeren Problem in Verbindung steht. Hier wird anschließend auch die „Herzenstechnik" vorgestellt, bei der du dein inneres Problem in Liebe einhüllst.

Tag 17 ist den häufigsten Fragen gewidmet, die bisher zum Hoppen gestellt wurden.

Tag 20 und einige folgende Tage behandeln die doppelte Verständnistechnik, bei der wir uns fragen, wie dieses Problem entstanden sein könnte. Diese Technik wird an einigen Themen geübt.

An den letzten Tagen erfährst du unter anderem von kleinen Wundern, die beim Hoppen geschehen sind, und ich lade dich ein, das Hoppen in einer Gruppe selbst anzubieten.

Viel Spaß beim Üben, Verzeihen und Lieben wünscht
Manfred Mohr

Dr. Manfred Mohr ist promovierter Chemiker. Nach vielen Jahren in beratender Tätigkeit für die Wirtschaft ist er heute als Autor und Seminarleiter tätig. „Das Wunder der Selbstliebe" aus dem Jahr 2011 machte ihn auch einer breiteren Öffentlichkeit bekannt. Inzwischen sind mehr als eine Viertelmillion Bücher von ihm auf dem Markt. Er ist einer der Wegbereiter für das hawaiianischen Vergebungsritual Hooponopono im deutschsprachigen Raum. Er lebt mit seinen Zwillingen in der Nähe von München.

© Foto Manfred Mohr

www.manfredmohr.de

Zu diesem Kurs gibt es auch eine App für dein Smartphone oder Tablet.
Sie unterstützt und begleitet dich bei diesem 30-tägigen Kurs, um die wertvolle hawaiianische Vergebungstechnik Hooponopono in dein Leben zu integrieren.
Der Autor Manfred Mohr liest die Informationen und Übungen für jeden Tag selbst vor.
Diese kannst du für jeden Tag anhören und dich bequem in das Tagesthema einführen lassen.
Die Übung wird dir auch zum Lesen angeboten.

Zusätzlich besteht die Möglichkeit, Erlebnisse für jeden Tag direkt in der App zu notieren.

Eine Gratis-Version mit den ersten 5 Tagen sowie eine kostenpflichtige Voll-Version findest du für IOS sowie Android unter www.mohr.momanda.de

Tag 1

Dein Startschuss zu einer neuen Sicht der Welt

Beginnen wir diesen Kurs doch einfach mit der häufigsten Frage, die sich wohl jeder zu Beginn der Arbeit mit Hooponopono stellt: Was bedeutet dieses merkwürdige Wort eigentlich?

„Ho'o" heißt- aus dem Hawaiianischen übersetzt – so viel wie „tun" und „Pono" in etwa „richtigstellen" oder „richtig". Wende ich die Technik des Hooponopono an, dann mache ich etwas, um selbst wieder" richtig" zu werden oder um etwas in mir, in meinem Inneren, „richtigzustellen". Im Laufe dieses Kurses werden wir uns immer weiter zum Kern dieser Technik vorarbeiten, so langsam, dass hoffentlich jeder Teilnehmer es für sich in seiner Art verstehen kann. Einen ersten Ansatzpunkt zum näheren Verständnis des Hooponopono liefert uns in unserem Kulturkreis die Weisheit der Mystiker aus dem Mittelalter:

Unsere Außenwelt ist nur ein Spiegelbild unserer Innenwelt.

Meister Ekkehard sagte es sehr treffend in seinen verschlüsselten Worten:

„Wie außen, so innen; wie innen, so außen."

Er bezieht sich dabei auf das zweite und damit eines der wichtigsten der sieben hermetischen Gesetze, die da lauten:

1. Das All ist Geist, das Universum ist geistig.
   (Prinzip der Geistigkeit).
2. Wie oben, so unten, und wie unten, so oben.
   Gesetze, die für die Materie gelten, gelten auch für Geist und Seele, und umgekehrt.
   (Prinzip der Entsprechung).
3. Nichts ruht, alles bewegt sich, alles schwingt.
   (Prinzip der Schwingung).

4. Alles ist zweifach, alles besteht aus einem Paar von Gegensätzen. Gleich und ungleich ist dasselbe. Gegensätze sind ihrer Natur nach identisch, nur im Grad verschieden.
(Prinzip der Polarität).
5. Alles fließt. Alles hat seine Gezeiten.
Rhythmus gleicht aus.
(Prinzip des Rhythmus).
6. Jede Ursache hat ihre Wirkung.
Jede Wirkung hat ihre Ursache.
(Prinzip von Ursache und Wirkung).
7. Geschlecht ist in allem.
Alles hat sein männliches und sein weibliches Geschlecht in sich.
(Prinzip des Geschlechts).

Das Prinzip der Entsprechung wollen wir uns zu Beginn dieses Kurses näher anschauen: Immer sind wir in Beobachtung unserer Außenwelt. Wir sehen die Dinge, die im Laufe des Tages geschehen, wie sie im Fluss der Zeit an uns vorüberziehen. Ein wenig ähnelt dieses Bild dem Besuch eines Kinofilms: Wir schauen ins Leben wie auf eine Leinwand und verfolgen die Abenteuer des Hauptdarstellers mit Spannung und großer Anteilnahme. Das Prinzip „wie außen - so innen" besagt nun, dass wir unseren eigenen Lebensfilm durch unsere inneren Zustände mitgestalten. Unser Inneres wird aber geprägt durch die dort ablaufenden geistigen und seelischen Vorgänge. Das sind unsere Gedanken und Gefühle. Zu einem Großteil sind uns diese Abläufe im Inneren nicht bewusst, sie entspringen unserem Unterbewusstsein, aber sie haben - wie das 6. Prinzip erläutert - eine Wirkung: Sie werden die Ursache für im Außen ablaufende Vorgänge.

Beim Hooponopono nutze ich die Aussage „wie innen, so außen" wie eine mathematische Gleichung. Ich setze innen mit außen gleich: „innen = außen". Durch das Gleichheitszeichen sind Innenwelt und Außenwelt nun fest verbunden. Um eine positive Veränderung in meinem Außen herbeizuführen, arbeite ich darauf hin, mein Inneres, meinen inneren Zustand, zu verbessern. Das Außen folgt dann auf dem Fuße, wie dir deine eigene Erfahrung zeigen wird. Dazu gibt es beim Hooponopono verschiedene Techniken, die ich dir während dieses Kurses näher vorstellen werde. Aber nun gleich zur ersten Übung!

Deine Gedanken und Gefühle spielen eine große Rolle dabei, was im Verlauf des nächsten Tages geschehen wird. Dies ist vorerst nur eine These, die du nun selbst mit Leben füllen darfst. Erst wenn du wirklich die Erfahrung eines Zusammenwirkens von innerer mit äußerer Wirklichkeit erlebt hast, wirst du es tatsächlich glauben.

> **Übung 1: Ein Experiment**

Geh in Gedanken die Zeit durch, bis du morgen Übung 2 durchführen wirst. Bis dahin hast du etwa 24 Stunden Zeit. Welche Herausforderungen werden sich dir in dieser Zeit stellen? Wobei hast du beispielsweise Angst, zu versagen oder etwas falsch zu machen? Hast du vielleicht in deiner Firma eine Präsentation abzuhalten? Steht ein wichtiges Gespräch an, etwa mit deinem Vorgesetzen oder einem Kollegen? Du kannst dir auch wahlweise vornehmen, ein

Gespräch mit deinem Partner zu führen, bei dem du ein Problem zwischen euch ansprichst. Bist du vielleicht in Sorge, ob das Treffen oder das Gespräch dann auch wirklich zufriedenstellend und harmonisch ablaufen wird?
Entscheide dich für eine ganz bestimmte Herausforderung. Wenn du keine findest, dann wähle das Gespräch mit deinem Partner.

Nun, wenn du diese Situation vor Augen hast: Wie sind deine Gefühle, deine Gedanken, im Hinblick darauf, was geschehen wird? Hast du Angst zu scheitern oder bist du zuversichtlich, dass alles prima und glatt laufen wird? Mach dir dazu am besten Notizen in dein Tagebuch, sozusagen ein „Gedanken- und Gefühle-Protokoll".

Und nun - frohes Üben!
Ich wünsche dir einen gut gelingenden ersten Übungstag, da draußen - im täglichen Leben!

Tag 2

Achte auf deine Gedanken

Na, wie ist dein Termin verlaufen? War das Gespräch erfolgreich? Kannst du feststellen, wie deine Gefühle und Gedanken in den Verlauf des Treffens hineingespielt haben?

Meine Erwartungen haben einen Einfluss auf zukünftige Ereignisse in meinem Leben. Im Englischen spricht man von der „self-fulfilling-prophecy", der sich selbst bestätigenden Prophezeiung. Wenn ich immer Angst habe, dass in mein Haus eingebrochen wird, dann wird das eines Tages auch geschehen und ich werde verkünden:
„Das hab ich ja immer schon befürchtet!" Wenn meine Gedanken und Befürchtungen nur stark und andauernd genug sind, werden sie Realität.

Der indische Talmud kennt diesen Zusammenhang bereits seit tausenden von Jahren und beschreibt ihn folgendermaßen:

**Achte auf deine Gedanken,
denn sie werden Worte!**

**Achte auf deine Worte,
denn sie werden Handlungen!**

**Achte auf deine Handlungen,
denn sie werden Gewohnheiten!**

**Achte auf deine Gewohnheiten,
denn sie werden dein Charakter!**

**Achte auf deinen Charakter,
denn er wird dein Schicksal!**

Diese Sätze sind wiederum nur eine andere Beschreibung der kurzen Formel „Wie innen, so außen".

In unserem Buch **Fühle mit dem Herzen,** und du wirst deinem Leben begegnen beschreiben Bärbel und ich diesen Zusammenhang genauer. Dein Grundlebensgefühl und deine Grundeinstellung dem Leben gegenüber wirken sehr stark auf Geschehnisse in deiner Realität ein. Dein Unterbewusstsein hört dir bei allem, was du sagst, immer gut zu und verstärkt, was du selbst über dein Leben erzählst. Etwa: „Immer geschieht mir so etwas Dummes. Ich habe einfach kein Glück."

Im Buch Fühle mit dem Herzen wird auch erklärt, wie allein mit Worten sowohl Gewohnheit als auch Charakter geformt werden kann. Menschen, die andauernd kundtun, wie schlecht es ihnen geht und wie übel das Leben

ihnen mitspielt, haben damit auch eine große Wirkung auf die Menschen ihrer Umgebung. Mit der Zeit erhalten sie nämlich einen Spitznamen, zum Beispiel Bob, der von allen Freunden nur mehr „armer Bob" genannt wird, oder: „Bob, der immer nur jammert." – „Bob, der immer Pech hat." Und alle Freunde erwarten gemeinsam mit Bob, dass bald die nächste Katastrophe über ihn hereinbricht. Bob verstärkt durch seine Worte die negative Meinung der Menschen über ihn. Die umgebenden Personen wirken also immer auch mit ein auf die Entstehung der Realität eines Menschen. Unsere Umwelt hat einen großen Einfluss auf uns - auch in dieser Hinsicht!

Zur Abfrage deiner (unbewussten) Meinung über dich selbst dient die Übung für den heutigen Tag. Die Auflösung gibt es dann morgen.

Übung 2: Deine Lieblingstiere

Stelle dir die folgenden drei Fragen und schreibe die Antworten in dein Tagebuch. Sei dabei so ausführlich wie möglich!

1. Welches ist dein Lieblingstier? Stell dir das Tier vor deinem geistigen Auge vor und frage dich, was du an ihm so toll findest!
2. Welches ist dein zweitliebstes Tier? Welche Eigenschaften magst du an ihm ganz besonders?
3. Welches ist dein drittliebstes Tier? Was ist so toll an seinem Verhalten? Schreib es auf, so genau wie möglich!

Viel Spaß und ich hoffe, du bist neugierig auf die Lösung! Bis morgen!

Tag 3

Das Bild von dir selbst

Hallo! Willkommen zurück zum dritten Tag des Kurses! Hast du dir deine drei Lieblingstiere aufgeschrieben? Nun also die Auflösung:

Tier 1
dein vorrangiges Lieblingstier - ist dein Bild von dir selbst. So wie du dieses Tier beschreibst, so würdest du dich selbst beschreiben. Dieses Tier bist du selbst.

Tier 2
das zweitliebste Tier - ist das Bild, von dem du denkst, dass andere es von dir haben. So, wie du Tier 2 beschreibst, glaubst du, dass andere dich sehen.

Tier 3
dein drittliebstes Tier - ist dein Idealbild von dir. So, wie du Tier 3 schilderst, wärst du gerne selber, in deiner idealisierten Vorstellung.

Also, wie siehst du dich selbst? Lassen wir diese drei Bilder erst einmal wirken. Findest du dich in den Beschreibungen ein Stück weit wieder? Schreib dir am besten eine kleine Stellungnahme als Auswertung hinter die Eintragungen in deinem Tagebuch.

Das Bild, das du von dir selbst hast, wird also stark von anderen Menschen mitgeprägt. Deine Umgebung wirkt durch ihre Meinung ständig auf dich ein. Aber auch du gibst an die Menschen in deiner Umgebung durch dein Verhalten und deine Äußerungen immer wieder neuen Input darüber, wie du selbst bist.

Bei dieser Übung ist es besonders wichtig, dass du dir klarmachst, wie sehr du selbst mit deinen Gedanken und Gefühlen auf andere Menschen einwirkst. Gestern habe ich dir das

Bild vom „armen Bob" beschrieben, um dir zu zeigen, dass sich dieser Bob durch seine negativen Erzählungen immer wieder an seine Umgebung sozusagen „schlecht verkauft". Je ärmer, erfolgloser, „schlechter" er sich selbst darstellt, umso „schlechter" denken dann auch die anderen Menschen über ihn. Es passiert eine Art Rückkopplung, bei der seine negativen Äußerungen auf ihn selbst zurückwirken.

Ich selbst durfte in dieser Hinsicht eine spannende Erfahrung machen: Eines Tages hatte ich den Entschluss gefasst, von Köln nach München zu übersiedeln, um mit Bärbel eine Familie zu gründen. Dabei veränderte ich zwangsläufig mein gesamtes Umfeld. Beruf, Freunde und Nachbarn ließ ich in Köln zurück, um mich in München neu zu „erfinden". Mein Kölner Umfeld hatte ein bestimmtes Bild von mir und viele meiner Freunde nannten mich „Manni". In München stellte ich mich natürlich allen mit „Manfred" vor, und dabei blieb es dann auch. Ich war nicht mehr der „kleine" Manni, sondern wurde zum Vater und Familiengründer Manfred, was eine ganz andere und stärkere Wirkung hatte.

Nun kommt aber die andere Seite der Medaille des „armen Bob" zur Sprache: Auch du hast bestimmte Vorstellungen davon, wie die Menschen deiner Umgebung sind, die du meist auch schon länger kennst. Bei der nächsten Übung schauen wir uns die Menschen, die dir nahe stehen, einmal genauer an.

Übung 3: Dein Soziogramm

Schreibe die Vornamen der Menschen, die dir besonders wichtig sind und die du im Laufe des Tages am häufigsten triffst, in dein Tagebuch. Schreibe deinen Namen in die Mitte des Blattes und platziere dann die Namen von 5 bis

10 dieser Menschen außen herum. Schreibe dabei die liebsten Menschen nahe zu deinem Namen, und Freunde, die dir nicht so nahe stehen, etwas weiter weg. Wenn du dieses Soziogramm deiner sozialen Kontakte über Monate und Jahre in deinem Tagebuch verewigst, hast du nebenbei auch später einen Überblick, wer dir über die Jahre eng verbunden war.

Nun zum zweiten Teil der Übung:
Wie siehst du nun diese anderen Menschen? Erstelle dir in deinem Tagebuch eine positiv/negativ-Liste der 5 wichtigsten Menschen in deinem Leben: Was findest du an ihnen gut, was schlecht? Warum bist du mit diesen Menschen befreundet? Was ist ihre größte Stärke? Was können sie besonders gut?

Bis morgen!

Tag 4

Schau in den Spiegel

In der modernen Quantenphysik spricht man heutzutage gern vom „Beobachter-Universum". Dieser Begriff geht auf den Nobelpreisträger John Wheeler zurück. Er war der Überzeugung, dass wir schon durch den bloßen Akt des Zuschauens auf die Welt Einfluss nehmen. Und in der Forschung kennt man den sogenannten „Versuchsleiter-Effekt", der besagt, dass ein Forscher durch seine Erwartungshaltung das Ergebnis des Experimentes direkt beeinflusst. Nur durch die Beobachtung! Während wir also die Welt betrachten, nehmen wir nicht nur Informationen darüber auf, wie sie ist. Nein, wir geben dabei auch Informationen in die Welt hinein, wie wir erwarten, dass sie zu sein hat. Zum Beispiel, dass Bob eben „arm" ist.

Beim Hooponopono verändere ich meine Weltsicht, und allein dadurch eröffnet sich die Möglichkeit, dass sich auch die Welt verändern kann. Da die meisten meiner Glaubenssätze, wie die Welt ist und zu sein hat, unterbewusst verankert sind, komme ich mit meinem normalen Tagesbewusstsein kaum oder gar nicht an diese Ebene heran. Hooponopono, in seiner ursprünglichen Art, wendet sich darum an eine höhere Ebene. In einer bestimmten Form von Gebet wenden wir uns an Gott oder den Heiligen Geist, um unser „falsches Denken" zu korrigieren. Die Veränderung unseres Inneren verändert durch die Anrufung dieser höchsten Instanz auch unsere äußere Umwelt zum Besseren. Bald schon - in zwei Tagen - kommen wir zur ersten Anwendung dieser hawaiianischen Vergebungstechnik.

Vorher schauen wir uns aber noch Übung 3 des gestrigen Tages an:
 Sieh dir noch einmal deine Notizen durch: Wie hast du die Menschen eingeschätzt, die dir nahestehen? Durch das „Beobachten" deiner Freunde und Bekannten wirkst du auf sie ein!

Übung 3 ist eine besondere Art des „Genie-Erkennungsspiels". Bärbel hat es gern im Lebensfreudeseminar mit den Teilnehmern gespielt. Dabei betrachten wir besonders die Stärken der Menschen, die uns umgeben. Der Kniff dabei ist, dass wir dabei immer in einen Spiegel blicken. Zwar sehen wir uns dabei nicht selbst, aber wir sehen uns „verdreht", sozusagen: spiegelverkehrt. C. G. Jung sprach in diesem Zusammenhang vom Schatten, den wir an uns nicht wahrnehmen können, und den wir darum auf den anderen Menschen übertragen.

Das Schöne ist: Das Gute, das in uns selbst vorhanden ist, übertragen wir genauso auf den anderen, wie wir das „Schlechte" auf den anderen projizieren, das eigentlich ebenfalls Teil von uns selber ist.

Also: Schau dir die Liste der guten Eigenschaften an, die du an deinen Freunden und liebsten Bekannten entdeckt hast! Sie alle kannst du nur sehen, weil sie ein Teil von dir selbst sind. Diese guten Anteile stehen in Resonanz zu dir, denn deine gute Schwingung hat genau diese Menschen in dein Leben gezogen. Gerade die Menschen, die dir nahestehen, haben eine große Resonanz mit dir. Jedes Lob, das du ihnen zollst, gibst du dir selbst!

Es ist das grundlegendste Prinzip des Hooponopono:
Du stehst immer in Resonanz mit deiner Umwelt. Alles was in deinem Leben geschieht, hat mit dir selbst zu tun, auch wenn wir das überhaupt nicht verstehen können. Darum lautet die gute Nachricht:

Verändere dich und du veränderst die Welt!
Deine Resonanz wirkt immer!

Bei Übung 4 nähern wir uns nun unseren Schattenseiten, die wir nicht sehen wollen, die aber unablässig für Probleme in unserem Leben sorgen können.

Übung 4: Schattenseiten

Schreib dir diesmal eine Liste der schlechten Eigenschaften deines Beziehungspartners, deines Mannes oder deiner Frau in dein Tagebuch. Falls du alleine lebst, dann nimm deinen Expartner. Du kannst wahlweise auch Fehler und Schwächen deiner Mutter oder deines Vaters beschreiben. Was ist es, was dich an deinem Partner am meisten stört bzw. gestört hat? Wie ist/ wie war deine Beziehung? In welchem Bereich gibt/gab es immer wieder Probleme?

Tag 5

Tat Tvam Asi

Was die moderne Physik mit ihren wissenschaftlichen Worten schildert, steht schon seit Jahrtausenden in den indischen Veden. Sie zählen zu den ältesten überlieferten Aufzeichnungen, die wir kennen.
Schon hier steht geschrieben: „Tat tvam asi".

Das bedeutet übersetzt:
„Das, was ich wahrzunehmen glaube, und das, was ich zu sein glaube, ist ungeteilt."

Ich sehe immer mit dem Bewusstsein in die Welt, das mir entspricht. Ich sehe die Welt von der Ebene meines speziellen Bewusstseins. Das bedeutet: Ich spiegle mich immer auch in meiner Sichtweise. Meine Sichtweise zeigt mir in jedem Moment, wie ich selbst bin!

Bei Übung 4 haben wir uns gestern mit den unbewussten, dunklen Anteilen beschäftigt, die in uns schlummern. Es sind dies die Schattenseiten an uns, die wir nicht sehen können, selbst wenn wir wollten. Auch diese Seiten werden von nahestehenden Menschen für uns gespiegelt, damit wir sie erkennen. Das Universum ist so freundlich und spielt uns unablässig den Film vor unseren Augen ab, den wir selbst unbewusst in unserem ureigensten Drehbuch geschrieben haben.

Als Beispiel schildere ich dir die Leseranfrage von Klaus: Klaus wollte sich einen neuen Job „bestellen", denn in seiner alten Beschäftigung hielt er es einfach nicht mehr länger aus. Seiner Meinung nach war der Job doof, die Kollegen gemein und sein Chef völlig unfähig.
Für Menschen wie Klaus ist eine Bestellung von etwas Besserem sehr schwierig, denn er ist ja offensichtlich sehr unzufrieden und unglücklich, aber Unglück hat keine große Kraft beim Wünschen. Bärbel sagte es einmal sehr treffend:

„Die größte Fähigkeit, die Zustände positiv zu verändern, resultiert aus der völligen Akzeptanz dieser Zustände."
.
Je mehr ich gegen die Umstände kämpfe, umso mehr Kraft gebe ich hinein. Ich bin dagegen, dass etwas so ist, aber dieses „Dagegen-Sein" zementiert diesen Zustand geradezu ein. Wenn ich in meinem Leben unentwegt gegen etwas ankämpfe, dann wird es sich nicht ändern. Meine Energie verschleudere ich bei diesem unsinnigen Kampf sogar.

Ablehnung ist Anziehung! Ablehnung geht in Resonanz mit dem Abgelehnten und signalisiert so dem Universum: „Hallo, da oben! Ich möchte noch mehr davon!"
Meine Innenwelt, meine Gedanken und Gefühle sind voll davon, also wird die Resonanz noch mehr davon in mein Leben ziehen.

Wenn Klaus trotz aller Widrigkeiten das Gute an seiner Arbeit erkennen lernt, verbessert er seinen inneren Zustand

und wird damit bereit, einem besseren Job in seinem Leben zu begegnen. Und sei dir sicher: Das Gute ist immer da! Zum Beispiel könnte Klaus beginnen, sich zu freuen - über die Hilfsbereitschaft seiner Kollegen, die Unterstützung durch seinen Chef und allein die Tatsache, dass er überhaupt einen Job hat, für den er bezahlt wird.

Übung 5: Eine „himmlische" Annonce

Schreib dir alle „schlechten" Eigenschaften deines Partners aus Übung 4 so auf, als sei es eine Annonce im himmlischen Anzeigenblättchen: „Ich suche einen Mann, der unfähig ist, mich zu lieben, der mich betrügt und der mich am Ende wegen einer Anderen verlässt." So oder so ähnlich solltest du deine Anzeige formulieren, gebildet aus den Verhaltensweisen, die dich an deinem Partner oder Expartner stören oder gestört haben.

Tag 6

Thema Partnerschaft, Klappe, die erste

In seinem Kinderbuch Ich bin das Licht beschreibt Neil Donald Walsh, wie sich eine Seele im Himmel langweilt. Alles ist hier immer nur Licht und Liebe, Einheit und Vollkommenheit - in Ewigkeit. Die Seele möchte verzeihen lernen. Eine andere Seele erklärt sich bereit, ihr zu helfen. Die eine Seele sagt zur anderen: „Du, ich würde gerne das Verzeihen lernen. Hier im Himmel ist alles nur toll, hier geht das nicht. Lass uns auf die Erde und in einen Körper gehen und dort tust du mir etwas ganz Schlimmes an. Dann kann ich endlich lernen, wie es ist, jemandem zu verzeihen. Das Problem ist nur: Wenn wir in den Körper gehen, werden wir beide vergessen, dass wir uns diesen Plan so schön ausgedacht haben."

In diesem Sinne, kannst auch du deine gestrige Partneranzeige von Übung 5 im „Himmlischen Boten" verstehen. Irgendetwas in dir hat sich diesen Partner ausgesucht, um genau diese Erfahrung machen zu können. Unterbewusst hast du dir genau diesen Partner „bestellt", um an und mit ihm zu wachsen.

Zum Glück gibt es bei Problemen in der Partnerschaft eine „nette" Lösung. Ein schwedisches Sprichwort sagt:

„Willst du einen König als Mann, beginne, den König in ihm zu sehen".

Wir haben bereits verinnerlicht, dass allein unsere Beobachtung dazu führen kann, eine Situation positiv zu verändern. Es kommt einfach darauf an, worauf wir unseren Fokus richten. Statt nur das Negative zu sehen und ihm damit noch mehr Energie zu geben, legen wir unser Augenmerk doch auf die guten Aspekte einer Sache!

Dazu dient die Übung für den heutigen Tag.

Übung 6: Traumprinz und Märchenprinzessin

Nach diesem Motto nimm nun deine Negativ-Liste mit schlechten Eigenschaften deines Partners und kehr sie einfach um: Was immer dich genervt und gestört hat, es hat doch sicher ein Gegenteil! Formuliere nun genau, wie du deine Partnerschaft gerne hättest und was du an deinem Partner lieben würdest, wenn er es für dich in dein Leben bringen würde. Wenn du etwas „Schlechtes" am Partner siehst, so ist dahinter ganz sicher irgendwo auch etwas Gutes versteckt. Am Beispiel von Übung 5 würde ich umgekehrt schreiben: „Ich bin unendlich dankbar für meinen tollen Mann, der mich liebt, der immer nur Augen für mich hat und der mein Leben lang treu an meiner Seite steht."

Wie sieht dein Traumprinz, deine Märchenprinzessin aus? Ich bin gespannt. Bis morgen!

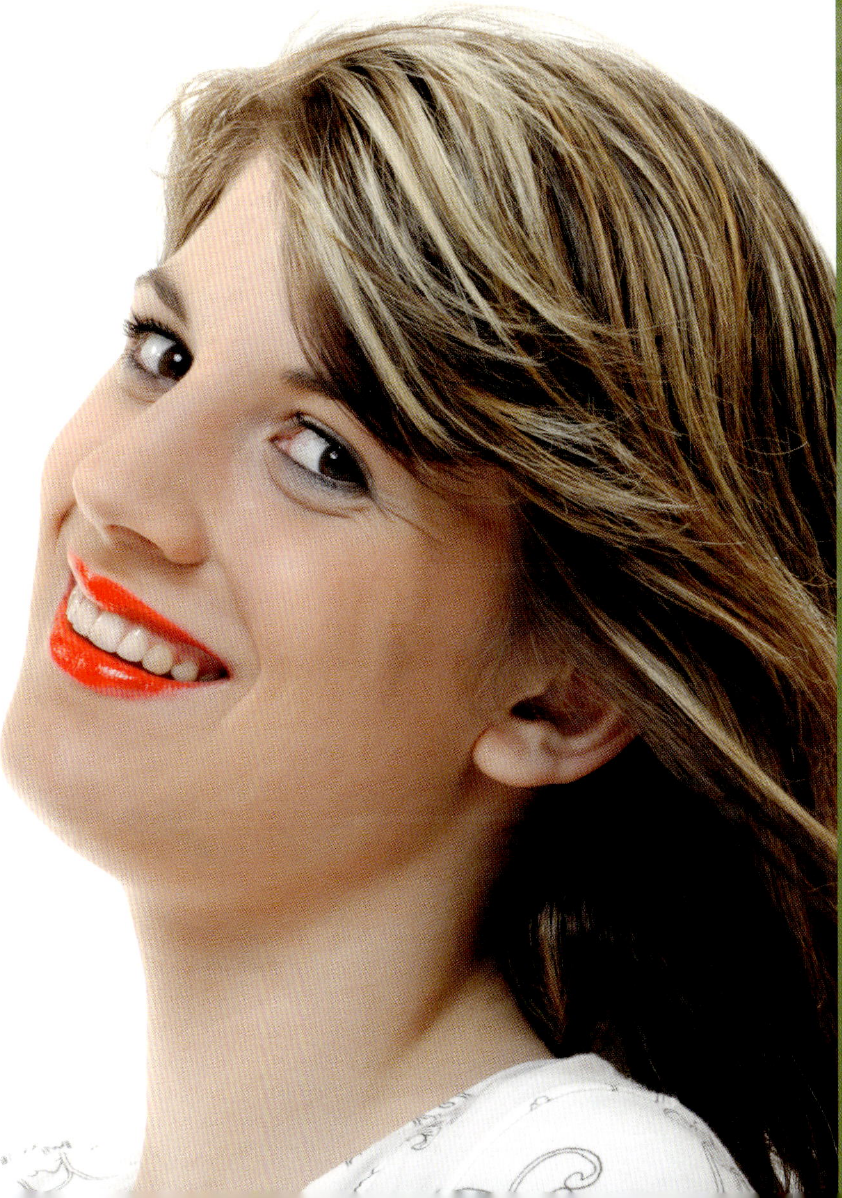

Tag 7

Partnerschaft, die zweite: Der Honeymoon Effekt

Die gestrige Übung geht zurück auf den Zellbiologen Bruce Lipton und sein neues Buch Der Honeymoon Effekt. Honeymoon bezeichnet im Englischen die Zeit der intensiven Verliebtheit in einer neuen Beziehung. Lipton hat die biochemischen Prozesse, die im Körper einer/s Verliebten ablaufen, sehr intensiv untersucht: Sie produzieren eine Art „Liebesdroge". Wenn die Beziehung zerbricht, ist es für den Hormonhaushalt wie ein „kalter Entzug", da sich der Körper wieder auf einen Normalzustand einschwingen muss.

Die Biochemie unseres Körpers ist aber durch unsere Gedanken und Gefühle beeinflussbar. Sie bestimmen die Prozesse in unserem Körper. Beim Verlieben habe ich selbst den Honeymoon Effekt ausgelöst, also kann ich ihn auch weiterhin steuern. Übung 6 war gestern ein erster Anfang dazu. Achte auf deine Gedanken, denn sie werden Worte! Lipton ruft dazu auf, genau das zu denken und zu fühlen, was wir mehr in unserem Leben haben wollen. Unsere Glaubenssätze und Denkgewohnheiten sind es, die unser Leben sehr stark bestimmen. Und natürlich ist es nicht ganz so einfach, diese Gewohnheiten abzuschütteln und positiv zu verändern, aber mit viel Geduld und festem Willen ist es - Schritt für Schritt - möglich.

In deiner Partnerschaft bist du also eingeladen, immer wieder - wie gestern geübt - deine Traumpartnerschaft herbeizudenken und zu fühlen. Achte verstärkt auf die guten Seiten deines Partners und übe dich in Dankbarkeit: „Schön, wie nett meine Frau heute gekocht hat." „Toll, wie mein Mann mich heute verwöhnt. Ich liebe es, wie schön wir heute unseren gemeinsamen Abend verbracht haben. Ich bin so dankbar für diese beglückende und funktionierende Beziehung!" Je öfter du solche oder ähnliche Gedanken in dir wachrufen kannst, umso besser und zufriedenstellender wird sich deine Beziehung gestalten.

Hier ist der Punkt, an dem Hooponopono besonders hilfreich wird:
Ich bin mir bewusst geworden, wie sehr ich auf meine Umwelt einwirke - immer und in jedem Moment. Es ist mir auch sonnenklar, wie wichtig es ist, meine alten Denkweisen und Glaubenssätze zu verändern.

Nur ist es für mich (und sicher für viele andere Menschen auch) oft extrem schwierig, meine eingespielten Verhaltensweisen zu verändern. Es ist beinahe so, als wolle ich mich am eigenen Zopf aus dem Morast ziehen. Wenn ich mein Verhalten und meine Denkweisen verbessere, werde ich auch eine bessere und beglückendere Partnerschaft in mein Leben ziehen. Nur - wie mache ich das ganz praktisch?

Da viele unserer Gedanken und Gefühle unterbewusst gesteuert werden, reicht positives Denken allein nicht aus. Es ist auch ganz logisch, dass uns das normale Bewusstsein nur stückweise helfen kann, wenn wir unbewusste Verhaltensweisen abschütteln wollen. Es braucht eine neue, höhere Ebene, die uns dabei hilft, uns zu verändern. Und genau dort setzt Hooponopono an!

Ich habe nun verstanden, dass ein Problem in meinem Leben etwas mit mir zu tun hat. Jedes meiner äußeren Probleme hat eine Entsprechung in mir selbst, als ein inneres Problem, das in meinem Unterbewusstsein als Glaubenssatz oder lange eingeübte Verhaltensweise schlummert. Um dieses Innere zu verwandeln, braucht es eine höhere Instanz. Deshalb bitten wir beim Hooponopono Gott oder den heiligen Geist (oder später beim Hoppen die Liebe im Herzen), eine positive Veränderung in uns vorzunehmen, um das Außen zu verbessern. Zuerst möchte ich dir darum das klassische Hooponopono vorstellen:

Übung 7: Ein erstes Hooponopono

Geh dazu bitte in intensiven Kontakt zu deinem Gott. Du kannst dies auf deine ureigenste Weise tun. Ich selbst habe gute Erfahrungen damit, einfach ein Gebet zu sprechen, etwa das Vaterunser. Wende dich dabei wirklich mit der Absicht an deinen Gott, er möge eine positive Veränderung in deinem Inneren vornehmen. Du kannst dazu auch gern in eine Kirche gehen oder an einen Platz, der dir besonders gefällt. Verbinde dich so intensiv wie möglich mit deinem Gott und bitte ihn, eine Lösung für ein bestimmtes Problem herbeizuführen. Sprich dazu langsam und immer wieder die folgenden vier Sätze. Tu dies so lange in tiefer Hinwendung zu deinem Gott, bis du das Gefühl hast, dass sich etwas in dir auflöst, sich etwas verbessert:

Es tut mir leid.
Bitte verzeih mir.
Ich liebe dich.
Danke.

Tag 8

Das klassische Hooponopono

Im Zentrum der ursprünglichen Art des Hooponopono stehen die vier Sätze:

Es tut mir leid.
Bitte verzeih mir.
Ich liebe dich.
Danke.

Immer, wenn du auf etwas negativ reagierst, genervt bist oder aus deiner Mitte geworfen wirst, sprich bitte diese vier Sätze! Sieh diese Formel als „nicht in Stein gegossen" an! Mach es am besten so, wie es sich richtig für dich anfühlt. Lass einen der Sätze weg oder nimm einen neuen dazu. Es kommt vor allem auf die gute Absicht an, etwas in dir zum Guten zu verändern. Dann wird die Form egal. Ein Bekannter von mir fand die Formulierung in vier Sätzen zu lang, er schwört auf seine Kurzform: „Es tut mir leid. Danke." Für ihn reicht das und er hat mit dieser halben Form des Hooponopono schon sehr gute Erfolge erzielt.

Das ist für mich überhaupt eine der wichtigsten Botschaften des Hooponopono: Mach es so, wie es sich für dich stimmig und gut anfühlt! Es bringt gar nichts, die Übung einfach „herunterzurasseln". Noch weniger bringt es, wenn du es mit Widerwillen oder Unlust tust. Du selbst bist entscheidend, wie gut diese Technik wirkt. Geh darum bitte wirklich in die Absicht, dass sich etwas in dir verwandeln soll. Tu es mit Hingabe und bitte deinen Gott um Mithilfe!

Um dir ein Beispiel zu geben, was ich meine:
Ich praktiziere seit vielen Jahren Tai Chi. Jedes Jahr besuchte unser chinesischer Meister Chu unser Zentrum in Köln, um die Schüler zu unterrichten. Einmal machte er seine Übung ganz anders als sonst und Andreas, der Leiter des Zentrums, wagte sehr zaghaft, den Meister auf seine unübliche Körperhaltung

hinzuweisen. Er sagte zu ihm: „Master, you do wrong!" (Meister, du machst es falsch!) Meister Chu schaute erstaunt auf, blickte verträumt auf seine etwas merkwürdige Arm- und Beinstellung und entgegnete lächelnd: „Yes, Andreas, but I think right!" (Stimmt, Andreas, aber ich denke richtig!)

Wenn du die Sätze des Hooponopono hingebungsvoll wie ein Mantra sprichst, wenden sie sich an dein Unterbewusstsein und führen eine Verbesserung in deinem Inneren herbei. Die Hawaiianer sagen: Hooponopono wirkt durch Zeit und Raum und heilt auch alle Verstrickungen, die wir aus unseren Wurzelfamilien mit auf die Welt gebracht haben, und die wir von unseren Vätern und Großvätern mitgenommen haben. Die folgende Übung dient dazu, unsere inneren Bilder ein wenig näher zu betrachten.

Übung 8: Heute malen wir ein Bild

Du brauchst ein paar Buntstifte und Papier. Ein Din A 4 Blatt reicht aus, eine Seite deines Tagebuches zur Not auch, du darfst aber auch gerne größer zeichnen. Du sollst ein Bild zeichnen, wie du es als Kind vermutlich oft gemacht hast. Zeichne es so bunt und ausführlich wie du möchtest. Die einzige Vorgabe ist, folgende Dinge in deine Zeichnung mit aufzunehmen: ein Haus, einen Baum, einen Strauch, eine Sonne, einen Weg, eine Schlange und Wasser in irgendeiner Form. Mach es aus Spaß, wie ein Kind! Freu dich, endlich wieder einmal zu Buntstiften greifen zu dürfen!

Tag 9

Dein Lebensbild

Vielleicht warst du gestern ein wenig erstaunt, als Übung ein Bild zu malen. Welchen Sinn hatte das wohl? Nun, heute kommt die Auflösung.

Weg, Haus, Baum, Wasser, Sonne, Strauch und Schlange stehen für wichtige Punkte in deinem Leben. Beim Zeichnen fragen wir dein Unterbewusstsein, welchen Platz diese in deinem Leben einnehmen.

Dein Bild gibt dir nun darüber Auskunft, welche Bedeutung sie in deinem Leben derzeit haben:

Das Haus bist du selbst. Es ist sozusagen „dein" Haus. Wie genau hast du es gemalt? Wie gerade und exakt oder krumm und wackelig steht es da? Ist es eher genau und sauber gezeichnet, dann legst du vielleicht selbst viel Wert auf gutes Aussehen. Oder du kümmerst dich gut um dich, hast also eine gute Selbstliebe. Vielleicht schlägt das Pendel auch zu weit aus und du nimmst dich selbst zu wichtig? Überlege selbst, wie die Zeichnung deines Hauses für dich zu deuten ist. Hast du dein Haus in die Mitte gemalt, dann dreht sich in deinem Leben vielleicht viel um dich. Ist es eher am Rand, dann nimmst du dich vielleicht nicht so wichtig.

Der Baum steht für deinen Vater. Steht er nah am Haus (also an dir) oder weiter weg? Wie ist die Beziehung zu deinem Vater?

Das Wasser steht für deine Mutter. Wo im Bild hast du Wasser gemalt? Ist es ein ruhiger See oder das Meer, ein Bach oder ein Fluss? Was sagt dieses Bild über dein Verhältnis zu deiner Mutter aus?

Sträucher repräsentieren deine Freunde. Hast du einen oder mehrere gezeichnet? Wo stehen sie in deinem Bild? Sind sie groß, vielleicht sogar größer als der Baum? Wie wichtig sind dir Freunde?

Die Sonne steht für deinen Gott. Geht sie auf, geht sie unter, oder steht sie im Zenit genau in der Mitte des Bildes? Welche Rolle spielt Gott in deinem Leben?

Die Schlange steht für Erotik und Sexualität. Wo in deinem Bild befindet sie sich, in welchem Zusammenhang steht sie? Was könnte das bedeuten?

Der Weg schließlich ist dein Weg. Wo beginnt er im Bild, wo endet er? Woran führt er vorbei? Was sagt dir das über deinen Lebensweg? Wo auf diesem Weg befindest du dich gerade?

Übung 9: Mein Bild

Mach dir heute in deinem Tagebuch ein paar Notizen zu den oben genannten Fragen. Bleib dabei spielerisch und nimm es nicht zu genau. Diese Übung sollte mit der Freude eines Kindes gemacht werden, und wenn du nur einige kleine Erleuchtungen dabei hast, so soll dies schon genügen. Von besonderer Bedeutung für das Hooponopono ist die Sonne als Symbol für Gott. Wie ist deine Beziehung zu deinem Gott? Wie nahe stehst du ihm?

Tag 10

Vielleicht ist nur unser Denken falsch?

Bei der Anwendung von Hooponopono werden wir daran erinnert, dass die Welt und ich und du nicht voneinander getrennt sind. Nein, wir sind jederzeit durch ein mystisches Band miteinander verbunden. Alles, was in meinem Leben geschieht, hat in irgendeiner Weise auch etwas mit mir zu tun. Erlebe ich etwas in meiner äußeren Welt als Problem, dann gibt es dafür eine Entsprechung in mir, in meiner inneren Welt. Auch wenn dies fernab unseres normalen Denkens liegt und weit jenseits unseres Verstandes.

Die Hawaiianer gehen sogar so weit, zu sagen, dass es eigentlich unser Verstand ist, der für unsere Probleme sorgt. Für sie ist jedes Geschehen in der Welt ein Ausdruck Gottes und somit grundsätzlich gut und richtig. Bewerte ich mit meinem Verstand etwas als schlecht oder falsch, dann muss demzufolge mein Denken falsch sein. Deshalb bitte ich beim Hooponopono Gott darum, dass mein falsches Denken geheilt wird. Dann, sagen die Hawaiianer, verschwindet auch mein Problem!

Vielleicht denkst du gerade: „Aber ich als Einzelner kann doch gar nichts tun. Ich kann doch nicht die ganze Welt verändern." Dazu möchte ich dir sagen: Auch ein langer Weg beginnt immer mit dem ersten Schritt. Die gute Botschaft lautet:

Heile ich mich, heile ich die Welt!

Um die Wirkung des Hooponopono zu verdeutlichen, kann dir vielleicht folgendes Gleichnis dienen: Stell dir vor, du bist zusammen mit 99 anderen Menschen in einem dunklen Raum. Wenn 1 Mensch den Lichtschalter betätigt, wird es auf einen Schlag hell – für alle! Es reicht vollkommen aus, wenn dies einer der 100 Anwesenden tut. Du könntest dieser eine Mensch sein. Und Hooponopono liefert dir diesen Lichtschalter.

Eine besondere Kraft liegt in der Musik und im Gesang. Darum habe ich eine Variante des Hooponopono anzubieten, die mir selbst sehr viel Freude bereitet. Vielleicht auch dir?

Übung 10: Hooponopono singen

Um diesem hawaiianischen Vergebungsritual eine neue Form zu geben, lade ich dich ein, es auch mit Gesang zu verbinden. Als Lied dafür finde ich sehr passend: „Danke für diesen guten Morgen", ein Kirchenlied, das mit folgenden Versen beginnt (wer es nicht kennt, kann es sich auch in YouTube anhören):

> Danke, für diesen guten Morgen!
> Danke, für jeden neuen Tag!

Singe dieses Lied ein paarmal, bevor du die vier Sätze des Hooponopono sprichst.

Gerne kannst du auch andere Lieder dazu verwenden, es muss kein Kirchenlied sein. Nimm etwas, das dich selbst sehr berührt, und singe ein paar Minuten, bis du ganz in Kontakt bist mit deinem Gott. Sprich danach die vier Sätze voller Hingabe:

Es tut mir leid.
Bitte verzeih mir.
Ich liebe dich.
Danke.

Tag 11

Die vier Sätze des Hooponopono

Eine Leserin schrieb mir zum Thema „Hooponopono singen" folgendes:
„Jetzt habe ich mir Ihr Buch „Verzeih mir" gekauft und bin gerade an der Stelle, in der Sie beschreiben, dass Hooponopono auch gesungen werden kann. Das finde ich, ist eine super Idee, und da auch ich gern singe und das Lied „Danke" liebe, hab ich es versucht – aber leider bekomme ich da keine vernünftige Form hinein. :-(
Eeehes tut mir leiheid... hört sich schon komisch an. Die nächste Zeile ist ja ganz gut, wenn ich an „verzeih" noch ein „e" dranhänge.
Aber dann geht's schon wieder los: Iiich liiieehiebe Dihich. Dahahahanke... ????   ;-)

Irgendetwas stimmt da nicht. Ist das falsche Lied im Kopf? Jedoch hab ich auch auf YouTube nur diese Melodie entdeckt. Ich weiß, meine Mail ist etwas sonderbar und Sie werden sich jetzt sicherlich amüsieren (aber ein Lachen am Montagmorgen kann sich nur positiv auf den Tag auswirken ;-)). (Ende des Leserbriefes)"

Na, das war ja mal eine schöne Deutung des Satzes „Man kann Hooponopono auch singen!" Meine Antwort war: „Also die Lösung ist: Singen Sie das Lied, wie Sie es kennen: Danke für diesen guten Morgen. Gehen Sie dann in das Gefühl von Dankbarkeit- ganz und gar! - und dann sprechen Sie die Sätze. Sie können auch (was vielleicht einfacher ist) das Lied aufnehmen und abspielen, und dabei die Sätze sprechen. Beides zusammen geht leider nicht, da haben Sie recht."

Beim Hoppen, wie beim klassischen Hooponopono, geht es vor allem um das Gefühl. Verbinde dich mit der Liebe, mit Gott oder – wie im Lied- mit der Dankbarkeit, das ist das Wichtigste. Und sprich dann die Sätze des Hooponopono. Dann ist die Wirkung am stärksten.

Gehen wir die Sätze einzeln durch:
Den Satz **„Es tut mir leid"** drücke ich in der Art aus, dass mir bewusst ist: Mein Problem liegt in mir. Wenn ich unter Situationen in meinem Leben leide, dann nur, weil ich den Kontakt zu meinem Gott verloren habe. Es tut mir leid, lieber Gott, bitte nimm mich zurück in deine Arme.

„Bitte verzeih mir" meint: Wenn ich in meinem Leben etwas als schlecht oder falsch bewerte, dann liegt auch dies allein an mir. Offenbar ist mein Denken falsch.
Lieber Gott, bitte verzeih mir mein falsches Urteil.

„Ich liebe dich" hat für mich zum Inhalt, dass ich erkenne: Alles, was in meinem Leben geschieht, ist gut. Wenn ich es als schlecht ansehe, liegt dies nur daran, dass ich mich von Gott und seiner Liebe entfernt habe. Ich selbst schließe diese Lücke zu Gott wieder. Lieber Gott, deine Liebe ist allzeit um mich. Lieber Gott, ich liebe dich.

"**Danke**" spreche ich abschließend in tiefem Bewusstsein, dass Gott immer war und immer sein wird.
Ich danke dir, Gott, dass du mich immer liebst und lieben wirst. Danke, dass du mich jetzt durch deine Liebe heilst.

Übung 11: Hooponopono

Suche dir ein Thema aus und sprich nun bitte die vier Sätze. Lade sie ganz mit dem guten Gefühl der Hinwendung zu Gott auf, um eine Verbesserung in deinem Leben zu erreichen. Sprich die vier Sätze mehrmals aus dem Gefühl tiefer Verbundenheit mit Gott!

Es tut mir leid.
Bitte verzeih mir.
Ich liebe dich.
Danke.

Tag 12

Die Kraft der Vergebung

Hooponopono passt wunderbar in unsere neue Zeit, denn es ist ein Instrument der Liebe.
Wo das Denken unterscheiden möchte und trennt, da möchte die Liebe verbinden.
Wo das Denken seinen Vorteil sucht, dort möchte sich die Liebe verschenken.
Wo das Denken verurteilt, lehrt uns die Liebe, zu verzeihen. Das - mit Hilfe der Praxis des Hooponopono - anwachsende Mitgefühl wird uns veranlassen, die alte rationale Unterscheidung in Gut und Böse aufzugeben. Stattdessen werden wir unsere Welt mehr mit Liebe betrachten und erkennen, dass es an uns ist, dem scheinbar gar so Bösen einfach nur unsere Liebe zu geben.

Hooponopono ist für mich die stärkste und wirkungsvollste Form, mich mit meinem Inneren zu versöhnen. Der „Trick" dabei ist, mich mit allem Geschehen in meiner Umwelt als verbunden anzusehen und folglich dafür Mitverantwortung zu übernehmen. Alles in meiner Welt steht mit mir in Resonanz. Indem ich aufhöre, anderen Menschen oder dem Universum die Verantwortung für mein Leben zuzuschieben, ändert sich mein Bewusstsein - weg von der Opferrolle, hin zum Gestalter meines Lebens. Dann ist niemand mehr schuld! Ich beginne stattdessen, den anderen Menschen immer mehr zu vergeben. Dadurch, dass ich anderen vergebe, gelingt es mir, nach dem Prinzip „Wie innen, so außen", auch mir selbst zu vergeben. Vergebe ich dir, dann vergebe ich gleichzeitig auch mir selbst.

In den vier Sätzen Es tut mir leid.- Bitte verzeih mir. - Ich liebe dich. - Danke.
spielt aus meiner Sicht nun besonders die Liebe eine herausragende Rolle. Entschuldigung, Vergebung und Dankbarkeit sind zusammenhängende Begriffe, bei denen jeweils die Liebe als treibende Kraft dahinter steht.

Wenn ich mich entschuldige, gehe ich in die Liebe.
Wenn ich jemandem verzeihe, gehe ich in die Liebe.
Auch Dankbarkeit ist eine Ausdrucksform der Liebe.

Darum habe ich die vier Sätze bei meiner eigenen Praxis nach einiger Zeit gar nicht mehr gesprochen, sondern habe den Fokus vor allem auf die Liebe gelegt.
Dabei ist die Herzenstechnik entstanden, bei der ich beginne, mein „Problem" zu lieben. Die Herzenstechnik wurde dann bald der Grundpfeiler des Hoppens, der eigenen Art des Hooponopono, das Bärbel und ich 2008 entwickelt haben. Hoppen ist eine etwas flapsige Kurzform des Begriffes „Hooponopono".

Übung 12: Die Herzenstechnik

Wähle dir ein Problem in deinem Leben aus und mache dir bewusst, dass du mit diesem Thema in irgendeiner Form in Resonanz sein musst. Sonst könnte es gar nicht in deinem Leben auftreten.

Lege dann die Hände auf dein Herz und fühle die Wärme in deinem Herzen. Lass diese Wärme als Ausdruck deiner Liebe stärker werden.
Dann sprich für dich die Worte: „Was auch immer dieses Problem in meiner Umwelt herbeigeführt haben mag, es muss mit mir zu tun haben. Und dem Teil in mir, der mit diesem Problem in Resonanz steht, schenke ich meine ganze Liebe."

Wiederhole diese Worte eine Zeit lang, ganz in Verbindung mit deiner Liebe. Meistens wirst du danach das Gefühl von Erleichterung oder Entspannung verspüren. Gern kannst du diese Sätze auch nach deinem Gefühl abwandeln oder verändern.

Tag 13

Dir selbst verzeihen

Jede Schuld, die ich einem Umstand, einem anderen Menschen oder auch dem Leben als solches gebe, ist letztlich nur eine Verschiebung meiner eigenen Schuld, die ich nicht spüren möchte. Da ist es scheinbar einfacher, sie jemand anderem in die Schuhe zu schieben. Nach dem Prinzip „wie außen, so innen" funktioniert dies aber nicht, denn alles, was ich da außen sehe und erkenne, hat mit mir selbst zu tun. Bei der Herzenstechnik des Hoppens sage ich:

„Ich liebe den Teil in mir, der allem anderen da draußen Schuld gibt. Ich liebe den Teil in mir, der sich so schuldig fühlt, dass er es selbst kaum ertragen kann, und der die Schuld nach außen weitergeben möchte. Ich liebe meinen Teil, der Schuld verspürt. Ich liebe meine Schuld."

Je weniger ich den Dingen im Außen Schuld gebe, umso mehr nehme ich Umstände, andere Menschen und das Leben an. Nach dem Prinzip „wie außen, so innen" nehme ich mich auf diese Weise auch selbst immer mehr so an, wie ich bin. Gibt es ein besseres Rezept zum Glücklichsein?

Das Universum ist so konzipiert, dass ich mich in anderen Menschen spiegle. Ich sehe mich selbst in den Menschen, die mich umgeben. Lehne ich eine bestimmte Art Mensch ab, so darf ich sicher sein, solchen „Kandidaten" immer wieder zu begegnen, denn das Universum möchte, dass ich ganz werde. Wenn wir Anteile von uns ablehnen – C.G. Jung bezeichnete sie als unsere „Schatten" –, dann sagt uns das Universum immer wieder: „Das bist du AUCH. Das ist auch ein Teil von dir. Wenn du das in dir ablehnst, okay, dann liefere ich es dir außen, in deiner Umwelt. Mir ist es egal, ob du diesen Teil selbst leben möchtest, oder ob du diesen Teil durch deine Umwelt erfahren willst." C.G. Jung sagte sehr treffend, dass uns unsere Umwelt gerade diese Schattenanteile, dir wir ablehnen, immer wieder erleben lässt. Sie spiegelt sie uns immer aufs Neue.

Alles, was ich zur positiven Veränderung in meinem Leben tun muss, ist: Mein Problem ins Herz zu nehmen und zu lieben. Auch mein Problem ist ein Teil von mir. Was mir auch immer geschieht: Ich bin immer beteiligt. Ich bin in meinem Leben immer mit dabei. Das vergesse ich nur immer so leicht. Die einzige Person, die an allen Geschehnissen in meinem Leben beteiligt ist, bin ich selbst.
Du nimmst dich selbst immer mit, überall hin.

Übung 13: Die Liebe im Herzen spüren

Damit die Liebe im Herzen so richtig wirken kann, solltest du sie wirklich spüren lernen.
Lege dazu beide Hände auf dein Herz und spüre die Wärme, die entsteht.
Stell dir vor, diese Wärme ist ein Ausdruck deiner Liebe.
Nun lass diese Wärme „wachsen". Deine Liebe im Herzen zeigt sich in Form dieser stärker werdenden Wärme.
Halte weiterhin beide Hände auf deiner Brust und spüre, wie die Wärme sich noch mehr verstärkt und auf immer mehr Regionen deiner Brust übergreift.

Bald schon ist dein ganzer Brustkorb erfüllt von Wärme, dann auch der Bauch, die Oberarme und der Hals.
Lass die Wärme in deine Unterarme, deinen Kopf, dein Becken und in die Oberschenkel fließen.
Schließlich breitet sich die Wärme deiner Liebe auch in deine Hände, deine Unterschenkel und deine Füße aus.
Dein ganzer Körper ist ausgefüllt mit Liebe. Wie fühlt sich das an?

Nun suche dir wieder ein Problem in deinem Leben aus (es kann auch dasselbe sein wie gestern) und sprich die Sätze der Herzenstechnik:

„Was auch immer dieses Problem in meiner Umwelt herbeigeführt haben mag, es muss mit mir zu tun haben. Und dem Teil in mir, der mit diesem Problem in Resonanz steht, schenke ich meine ganze Liebe."

Wiederhole diese Worte eine Zeit lang, ganz in Verbindung mit deiner Liebe. Meistens hast du danach das Gefühl von Erleichterung oder Entspannung. Gern kannst du diese Sätze auch nach deinem Gefühl abwandeln oder verändern.

Tag 14

Die Liebe entzünden

2008, als ich an unserem ersten Buch zum Hoppen schrieb, gab es noch kaum Literatur zu diesem Thema. Selbst im Internet war wenig zu finden. Darum haben wir, mehr aus der Not heraus, mit dem Hoppen unsere eigene Form des Hooponopono entwickelt. Hoppen arbeitet mehr mit der Liebe, während Hooponopono mehr mit Gott und dem heiligen Geist in Verbindung tritt.

Heute sage ich: Es ist nicht wichtig, ob ich mich an die Liebe oder an Gott wende, um inneren Frieden zu finden. Hauptsache, ich gehe diesen Weg der Heilung überhaupt. Sowohl dem lieben Gott als auch der Liebe wird es ganz bestimmt egal sein, auf welche Weise wir innerlich gesund werden.

Das große Interesse der Öffentlichkeit zeigt, wie einfach und erfolgreich Hooponopono anwendbar ist. Wäre diese Vergebungstechnik sinnlos oder zu kompliziert, würde sicher kein Hahn danach krähen. Sie scheint genau in unsere Zeit zu passen. Ihre Anwendung führt mich zu mehr Selbstliebe, macht mich selbst mehr verantwortlich, löst viele meiner Probleme auf einfache Weise und hilft, mir und anderen Menschen immer ein Stückchen weit zu vergeben.

Jeder Kontakt zu deinem Herzen ist heilsam. Jedes Mal, wenn du dein Herz spürst, bringt es dich ein Stück weiter hin zu dir. Bei jedem Anklopfen an seine Tore öffnet sich dein Herz ein kleines bisschen mehr. Und ganz sicher schenkt dir das Pochen an seine Tore auch eine ganze Menge wunderbarer Erfahrungen.

»Am Rande des Wahnsinns lebte ich bis jetzt, nach Ursachen und Gründen suchend. Ein Leben lang klopfte ich an eine Tür … Sie öffnend erkannte ich: Von innen hatte ich gepocht.« (Rumi)

Übung 14: Das Herzensfeuer entzünden

Lege, wie du es schon kennst, beide Hände auf deine Brust. Spüre die Wärme, die in deinen Handflächen entsteht.

Nun stell dir vor, diese Wärme würde einer Art kleinem Feuer entspringen, das irgendwo in deinem Herzen wohnt. Betrachte dieses Feuer eine kleine Weile.

Dann beginne, langsam und vorsichtig, dieses kleine Licht immer größer werden zu lassen. Stell dir vor, es wäre die Glut in einer Schmiede, und durch den Blasebalg fachst du das Feuer immer mehr an.

Sieh vor deinem inneren Auge, wie das Feuer wächst, und spüre durch die Hände, welche Wärme nun entsteht.

Nun wähle wieder ein Problem in deinem Leben aus (es kann auch wieder dasselbe sein wie gestern) und sprich die Sätze der Herzenstechnik.

Heute variieren wir die Formulierung, damit du ein Gefühl dafür bekommst, wie du es auch anders machen kannst: „Über das Gesetz der Resonanz bin ich mit allem innerlich verbunden, was in meinem Leben geschieht. Meine Innenwelt, also meine Gedanken und Gefühle, spiegeln sich in meiner Außenwelt wider. Wie dies vonstattengeht, liegt fernab von meinem Verstand. Ein äußeres Problem spiegelt sich in einem inneren Problem wider. Löse ich mein Problem im Innen, wird sich auch der Zustand im Außen verbessern. Darum nehme ich den Teil in mir, der mit dem Problem in meiner Umwelt in Zusammenhang steht, in mein Herz. Ich schenke ihm meine ganze Liebe. Ich bitte die Liebe in meinem Herzen, diesen Teil zu heilen. Dann kann sich auch die Situation im Außen verbessern."

Wiederhole diese Worte eine Zeit lang, ganz in Verbindung mit deiner Liebe.

Tag 15

Wie die Liebe wirkt

Eine der häufigsten Fragen, die sich bei der Herzenstechnik am Anfang stellt:
„Wie, bitteschön, bewerkstelligt es denn die Liebe, mein Problem innerlich zu lösen und zu heilen?"
Dazu gibt es leider keine wissenschaftliche Erklärung. Die Liebe ist eine Ebene, die fernab unseres normalen Alltagsbewusstseins liegt. Um das Hoppen in seiner Wirkungsweise zu erklären, gibt es aber ein Modell, das ich sehr schön finde. Es wird beschrieben auf der DVD Nur der heile Heiler heilt von Richard Weigerstorfer, einem lieben Freund. Sie ist erhältlich im ri-wei Verlag, Regensburg (www.riwei-verlag.de). Ich gebe es hier verkürzt wieder:

Unser Herz und die ihm innewohnende Liebe besitzen Fähigkeiten, die sich der rationalen und wissenschaftlichen Herangehensweise schlichtweg verschließen. Das Herz hält noch andere Möglichkeiten für uns bereit, als für das Auge und die Messgeräte der Wissenschaft sichtbar sind. Ich versuche, dir dein Herz im Vergleich mit den Dimensionen verständlich zu machen:
Die uns bekannten drei Dimensionen der sichtbaren Welt sind Länge, Breite und Höhe.

Als vierte Dimension kommt noch die Zeit dazu: Die dreidimensionalen Gegenstände und Lebewesen unserer Welt bewegen sich durch die Zeit und verändern sich dabei, sie altern und nutzen sich ab. Diese Zeitebene ist noch relativ verständlich, denn wir kennen sie alle.

Die nächste Dimension, die fünfte, liegt nun oberhalb der Zeit, und betrachtet sozusagen die Zeit, so wie die vierte Dimension oberhalb unserer drei Dimensionen liegt. Sehe ich mir in der fünften Dimension zum Beispiel eine Eiche an, dann sehe ich sie von ihrer Geburt als Eichel bis hin zum Keimling, über den kleinen Baum bis hin zur mächtigen Eiche und weiter bis zum verfallenen Holzklotz, der verwittert wieder in den Waldboden übergeht. Ich sehe in dieser 5. Dimension sozusagen das ganze Leben der Eiche vom Anbeginn bis zum Ende seines Daseins. Ich sehe diese Eiche in ihrer Ganzheit.

Gehen wir dann noch eine Ebene weiter, in die sechste Dimension, dann ist dort noch gar keine Eiche real entstanden, sondern die Eiche existiert hier erst als Idee. Sie ist noch körperlos und nur strukturierte Energie, die sich unsichtbar, vielleicht als eine Art Feld - ähnlich dem Magnetfeld - gerade anfängt zu bilden. Dieses Feld hat sicherlich Ähnlichkeit mit dem morphogenetischen Feld, das Rupert Sheldrake beschrieben hat. Die sechste Dimension nenne ich einfach den Bauplan oder die Blaupause der Eiche.

Schließlich kommen wir zur siebten und höchsten Dimension. Hier existieren weder Idee - noch Form - noch Feld. Hier ist Einheit und noch keine Trennung in Formen oder Ideen geschehen. Darum sind in dieser Ursprungs-Dimension noch alle Möglichkeiten gegeben, die zuerst nur latent bleiben und zunächst potentiell möglich sind. Es ist wie in der chinesischen taoistischen Weisheitslehre so etwas wie das Nichts, in dem aber bereits alles enthalten ist - unausgesprochen, ungenannt. Diese Dimension ist der Beginn der Schöpfung. In unserem Modell ist sie reine Energie und wir nennen diese Dimension „DIE LIEBE". Im Kontakt zur Liebe wird jedes Problem zu seinem Ursprung zurückgeführt und dabei verwandelt. Wie dies geschieht, ist ein Geheimnis. Es bleiben die beiden Erfahrungen, die das Hoppen dir schenkt, wenn du es ausprobierst:
- Liebe findet den Teil, der mit deinem inneren Problem korrespondiert, wenn du sie bittest.
- Liebe kann diesen Teil verwandeln.

Übung 15: Liebe atmen

Wir treten nun in noch engeren Kontakt zur Liebe:
Lege wieder beide Hände auf die Brust und lass Wärme entstehen.
Stell dir nun vor, dass die Liebe sich in deinem Herzen als Leuchten und Glitzern zeigt.
Beim nächsten Atemzug atmest du ganz normal in die Lunge ein, aber gleichzeitig auch in dein Herz.
Visualisiere nun, wie dieses Leuchten auf deinen Atem überspringt. Auch dein Atem leuchtet und glänzt jetzt als Ausdruck deiner Liebe.
Atme nun deinen Liebesatem aus, und sprich innerlich die Worte: **„Ich hülle mich ein in den Atem meiner Liebe"**. Wie fühlt sich das für dich an?

Tag 16

Nur was du liebst, kannst du auch verändern

Wie funktioniert die Wirkung der Liebe nun wirklich?

Die wohl häufigste Schwierigkeit beim Erlernen des Hooponopono ist bei den meisten, dass sie gern verstehen würden, wie es denn nun wirklich funktioniert. Denn wir sind als westlich geprägte Menschen sehr an unserem Verstand orientiert. Erst, was wir verstanden haben, können wir auch richtig anwenden. So denken wir zumeist.

Das stimmt ganz sicher zum Beispiel für die Führerscheinprüfung, wo es klare Regeln gibt, die wir dann nur noch erlernen müssen, um Auto fahren zu dürfen. Beim Hooponopono ist die Regel aber leider viel schwammiger. Sie lautet einfach nur, spüre dein Herz!
Nimm Kontakt zu deiner Liebe auf. Und lass deine Liebe dann fließen. Wie sich das dann im Einzelnen bei jedem Menschen anfühlt, ist speziell und für jeden anders. Darum kann ich hier leider kein Patentrezept anbieten, das für jeden Menschen gilt. Außer, um es noch einmal zu wiederholen: Mach es einfach so, wie es sich für dich richtig anfühlt!

Es gibt darum auch nichts „richtig" zu machen beim Hooponopono, sondern eben nur so, wie du es als für dich „richtig" anfühlt. So wie jeder auf eine besondere Weise Auto fährt, so darf jeder auch seine eigene Form des Hooponopono entdecken.

Darum hat Hooponopono wirklich sehr viel Ähnlichkeit mit dem Bestellen. Man kann nicht wirklich verstehen, wie es funktioniert, aber man sollte es auf jeden Fall ausprobieren! Und wenn es dann geklappt hat, gibt der Erfolg sozusagen Feedback. Das Universum und die Liebe zeigen mir dann, dass es so richtig war. Denn der Wunsch wurde erfüllt, das Problem löste sich auf.

Es ist auch für mich ein immer währendes „learning by doing". Je mehr du übst, umso mehr Erfolg wirst du haben. Und je mehr du es dann glauben kannst, dass es funktioniert, umso mehr funktioniert es.

Wichtiger Ansatzpunkt beim Hoppen ist aber - wie schon früher gesagt - der schöne Satz von Bärbel: „Die größte Fähigkeit zur Veränderung resultiert aus der völligen Akzeptanz des Ist-Zustandes." Das erscheint zunächst einmal paradox: Ich möchte in meinem Leben etwas zum Positiven verändern, aber das gelingt mir umso besser, je mehr ich mein Leben anzunehmen und zu akzeptieren lerne?
Ja, aber dann lasse ich es doch, wie es ist?! Der feine Unterschied bei dieser Betrachtung besteht darin, dass die größte Kraft im Universum aus den Qualitäten Liebe und Dankbarkeit besteht. Diese haben die größte Kraft zur Veränderung. Kämpfe ich gegen etwas, dann sage ich innerlich: „Das ist schlecht. Das muss weg!" Ich umgebe mich darum bei jedem Kampf mit Gefühlen, die gegenteilig sind: Unliebe und Undankbarkeit. Diese haben aber gar keine Kraft zur Veränderung, sondern zementieren nur den ungeliebten Zustand ein.

Eine ähnliche Erfahrung, die viele Menschen in ihrer Beziehung machen, lautet, dass sich ihr Partner erst in dem Moment verändern kann, wo sie ihn wirklich akzeptieren und annehme.

Der Partner ändert sich erst, wenn ich ihn so lassen kann, wie er ist. Schon wieder ist dies scheinbar paradox. Aber Akzeptanz ist für mich nur ein anderes Wort für Liebe. Ich akzeptiere den anderen, denn ich nehme ihn so an, wie er ist. Und wenn ich ihn annehme, also liebe, dann wird der Weg zur Veränderung frei. Liebe hat diese transformatorische Kraft in sich. Und genau diese Energie wirkt auch beim Hoppen. Ich trete aus dem inneren Kampf mit diesem Thema, mit diesem Menschen. Und wenn ich innerlich mit diesem Problem meinen Frieden finde, dann breitet sich der Frieden auch in meine äußere Welt aus. Es gilt die Gleichung: Innerer Frieden führt zu äußerem Frieden.

Übung 16: Inneren Frieden finden

Heute hoppen wir unsere kämpferischen Gefühle.

Widme dich einem Problem, bei dem du innerlich in Wut, Ablehnung oder dem Gefühl, ungerecht behandelt zu werden, gerätst. Spürst du diesen innerlichen Kampf?

Hoppe diese Gefühle!

Sage dir:
„Ich spüre mein inneres Ungleichgewicht. Ich spüre meinen inneren Kampf. Ich bin mir bewusst, dass dieser Kampf sich früher oder später als Konflikt in meiner Umwelt manifestieren wird. Darum atme ich jetzt ein, und stelle mir vor, Frieden und Harmonie einzuatmen. Beim Ausatmen lasse ich alles ausfließen, was in mir in Unfrieden ist. Ich lege die Hände auf mein Herz und spüre die Liebe. Ich atme in mein Herz und reichere meinen Atem mit Liebe an. Ich lade den Teil in mir, der in Unfrieden ist, in mein Herz ein. Ich bitte die Liebe, sich um diesen Teil zu kümmern. Ich hülle diesen Teil in den Atem meiner Liebe ein. Ich stelle mir vor, wie die Liebe sich als Wolke von Atem im Herzen um diesen Teil legt."

Bleib ein paar Minuten ganz in Liebe, bis du innerlich eine Verbesserung verspürst.

Tag 17

Typische Fragen

Nachdem du nun einige Tage Erfahrungen mit dem Hoppen sammeln konntest, stellen sich dir sicher Fragen. Einige der häufigsten Fragen habe ich hier zusammengestellt.

Frage: Wie oft muss ich denn ein Thema hoppen, bis es weg ist?
Antwort: Viele Menschen sind einfach sehr ungeduldig. Manche beschweren sich sogar regelrecht, sie hätten nun schon fünfmal ein bestimmtes Thema gehoppt und es sei immer noch nicht weg. Bitte sei einfach hartnäckig und bleib am Ball. Man kann nicht einfach sagen: „Hoppe dreimal am Tag vor den Mahlzeiten, so wie bei einer Medizin, und alles wird gut." Ganz im Gegenteil: Du selbst bist in irgendeiner Form mit dem Problem in Resonanz. Es liegt an dir, das Problem zu heilen. Du selbst bist deine Medizin. Du selbst bist auch die „Dosis", du selbst bestimmst durch deine Absicht und deinen Glauben, wie gut Hoppen wirkt. Es ist ein wenig wie beim Placebo-Effekt: Je mehr du daran glauben kannst, umso stärker ist die Wirkung. Die Fragestellung zeigt, dass du eher skeptisch bist. Allein das führt dazu, dass Hoppen nur wenig Wirkung haben kann. Wie stark ist dein Wunsch, das Thema zu lösen? Lass diese Sehnsucht nach innerem Frieden ganz in das Hoppen einfließen! Mach deine Absicht kraftvoll!

Frage: Ich habe gar kein Gefühl, wenn ich ins Herz komme. Was mache ich falsch?

Antwort: Beim Hoppen gibt es kein richtig oder falsch. Mach es besonders am Anfang einfach so, wie es sich für dich ergibt. Das wird als erster Schritt schon richtig sein. Später, wenn du mehr Erfahrung gesammelt hast, wird es sich bestimmt zeigen, wie du es für dich anders machen kannst. Es ist wie beim Laufen lernen: Wenn ein Baby die ersten Schritte macht, weiß es auch nicht, wie es „geht". Es fällt hin, aber es steht auch wieder auf. Winston Churchill sagte einmal, Erfolg bedeute für ihn, von Misserfolg zu Misserfolg zu gehen, ohne den Spaß dabei zu verlieren.

Erfolg bedeutet, weiterzugehen und nicht aufzugeben. Fühlen ist sehr unspektakulär, besonders am Anfang. Es reicht vollkommen aus, zuerst die Wärme nur ganz leicht wahrzunehmen. Du kannst es schon als Erfolg ansehen, wenn diese Wärme beim zweiten oder dritten Mal stärker wird. Übung macht den Meister! Es kann unterstützend und hilfreich sein, dich mit anderen Heiltechniken zu beschäftigen, beispielsweise mit Reiki. Ich selbst habe viele Monate Fühlen gelernt, indem ich ein Buch über Chakren mit verschiedenen Übungen durchgearbeitet habe. Das Herz ist wie ein Muskel, den du wie im Fitnessstudio trainieren kannst. Je mehr du übst, umso stärker wird dein Muskel.

Übung 17: Wiederholung

Lege wieder beide Hände auf deine Brust und spüre deine Liebe als Wärme, die aufsteigt. Dann atme wieder in dein Herz, und lass die Liebe als Glitzern auf deinen Atem übergehen. Wähle ein Problem und sage dir die Worte: **„Wie auch immer ich mit diesem Thema in Resonanz stehe, alleine, dass es in meinem Leben auftritt, zeigt: Es muss mit mir zu tun haben. Ich lade den Teil in mir, der mit diesem äußeren Problem in Zusammenhang steht, in mein Herz ein. Ich bitte die Liebe, diesen Teil zu heilen. Ich hülle diesen Teil in meinem Herzen in den Atem meiner Liebe ein. Ich bilde um diesen Teil eine Art Kokon, so wie eine Raupe sich verpuppt, um ein Schmetterling zu werden."**

Stell dir dabei vor, wie das Leuchten stärker wird, je mehr du diesen Teil in dir in den Atem deiner Liebe einhüllst.

Tag 18

Herz und Schmerz

In meinen Seminaren gehört es natürlich immer dazu, die Menschen ins Herz zu bringen, damit die Liebe wirken kann. Das Gefühl, das sich beim Kontakt zum Herzen einstellt, ist für die meisten Menschen angenehm und sie erleben es als Weite, Kraft, Frieden, Geborgenheit oder Stille.

Bei manchen Menschen ist der erste Kontakt zum Herzen aber auch eher unangenehm. Es kann sein, dass sich Gefühle von Enge, Angst oder Schmerz zeigen. Diese lösen sich meiner Erfahrung nach auf, wenn sie weiterhin Kontakt zum Herzen suchen. Die heutige Übung zeigt dir eine Möglichkeit, auch diese Gefühle ins Herz zu nehmen.

Mittlerweile wurde bereits wissenschaftlich untersucht, woher solch unangenehme Gefühle beim Kontakt mit dem Herzen stammen. Gregg Braden beschreibt dies in seinem schönen Buch: Die vergessenen Geheimnisse des Betens und des Segnens. Seiner Meinung nach ist das Herz der Ort, an dem wir alle Gefühle spüren können. Das Herz ist in unserem Körper die Stelle, die für uns fühlt. Gefühle werden hier gelebt und auch verarbeitet. Problematische Gefühle wie Angst oder Beklemmung haben meist unangenehme, schmerzhafte Seiten, die dazu führen, dass wir vor ihnen zurückschrecken. Solche Gefühle werden oft verdrängt und abgelehnt. Dadurch bleiben sie sozusagen im Herzen „stecken". Versuche ich, mit dem Herzen in Kontakt zu treten, dann stoße ich unmittelbar auf diese ungelebten und ungeliebten Gefühle. Um die Türen des Herzens zu öffnen, wollen diese Gefühle zunächst erlebt und gespürt werden. Darum ist dieser erste Kontakt zum Herzen manchmal unangenehm, aber im Grunde heilsam. Was mir „auf dem Herzen liegt", wird dabei weggenommen und geheilt.

Gregg Braden ist der Meinung, dass diese ungelebten Gefühle das Herz belasten, je mehr sie sich ansammeln. Natürlich

ist diese Belastung für das Herz nicht gerade angenehm, es ächzt und stöhnt unter dieser Anstrengung. So hat das Hoppen auch den schönen Nebeneffekt, unser Herz von dieser Beanspruchung befreien zu können. Vielleicht spürst du sogar, wie das Herz sich mit ein wenig Übung freier und stärker anfühlt, je mehr du mit ihm in Verbindung trittst.
Als eine weitere Variante des Hoppens möchte ich dir die Arbeit mit unangenehmen Gefühlen vorstellen.

Übung 18: Schmerzhafte Gefühle hoppen

Heute lieben wir den Teil, der mit einem Gefühl von Schmerz verbunden ist.
Wähle dazu ein Gefühl aus, das für dich schmerzhaft ist. Vielleicht hast du sogar ein Gefühl, von dem du weißt, dass du es häufiger in deinem Leben spürst. Fühlst du dich manchmal getrennt, allein, ungeborgen, ungerecht behandelt? Gehe dabei vor, wie du es bereits kennst:

Lege die Hände auf deine Brust, atme ein paarmal ein und aus und atme dann in dein Herz. Lass die Liebe auf deinen Atem überspringen, und stell dir vor, wie dieser Liebesatem sich in deinem Herzen um den Teil hüllt, der mit dem unangenehmen Gefühl in Kontakt steht. Dann erinnere dich dazu noch an einen Moment in deinem Leben, als du ganz in Liebe warst. Denke z.B. an dein erstes Date, an deine Hochzeit, oder als du dein neugeborenes Kind das erste Mal im Arm halten durftest. Lass dieses Gefühl von Liebe zu diesem Teil in deinem Herzen fließen. Stell dir vor, wie der Kokon von Liebe in deinem Herzen immer mehr leuchtet, je mehr du dir die schöne Situation in deinem Leben in Erinnerung rufst. Lade diesen Teil in dir ganz mit Liebe auf.

Spürst du, wie sich etwas auflöst und verwandelt?

Tag 19

Die Rolle der Gefühle

Für mich persönlich ist die Arbeit mit Gefühlen der wichtigste Aspekt des Hoppens. Meine Gefühle sind ein Teil von mir. Durch das Hoppen kann ich, wie gestern beschrieben, unangenehme Gefühle annehmen und so verwandeln oder kämpferische Gefühle befrieden.

Durch meine Gefühle präge ich meine innere Welt. Genau genommen sind es meine Gefühle, durch die der mystische Satz Meister Eckehards „wie innen, so außen" überhaupt funktioniert. Durch meine Gefühle bin ich in ständigem Kontakt mit meinem Universum. Es ist fast so, als würde das Universum immerfort bei mir anfragen: „Na, was möchtest du mehr in deinem Leben?" Und durch meine Gefühle antworte ich auf diese Frage immerzu.

Im Buch Fühle mit dem Herzen vergleichen Bärbel und ich das Bestellen mit einer Autofahrt: Um ans Ziel zu gelangen, brauche ich das Lenkrad. Mit ihm steuere ich mittels meines Verstandes zu einem bestimmten Ziel hin. Die Kraft aber, um an das Ziel zu gelangen, kommt aus meinem Gefühl. Gefühle sind wie der Motor, der mein Fahrzeug auch mit der notwendigen Energie versorgt, um am Ziel anzukommen. Aber die größte Kraft, um etwas Gewünschtes in mein Leben zu ziehen, haben Liebe und Dankbarkeit. Darum ist das Hoppen auch „die neue Form der Realitätsgestaltung", da Liebe es ermöglicht, das Beste in mein Leben zu ziehen, und dabei meine Probleme zu verwandeln. Wenn ich der Liebe das Steuer überlasse, kann geschehen, was der Liebe entspricht.

Gefühle sind so etwas wie die Sprache des göttlichen Urgrundes, auf dem wir alle leben. Durch Gefühle sende ich aus, was dann etwas aus dem Umfeld anzieht, das dieser Resonanz entspricht. Wenn ich mich zum Beispiel dauernd ärgere, weil die Bahn immer zu spät eintrifft oder abfährt, dann gehe ich jedes Mal in dieser Erwartungshaltung zum Zug. Der verspätete Zug wird dann wieder meiner niedrigen Resonanz entsprechen, die mit dem Gefühl übereinstimmt, dass die Bahn eben immer zu spät kommt. Und so weiter... Diesen Kreislauf kann ich aber unterbrechen, indem ich aufhöre, mich zu ärgern und in Frieden mit der unpünktlichen Bahn komme. Dieser innere Frieden hat eine neue, andere Resonanz, die mit einem verspäteten Zug nicht mehr übereinstimmt. Es wird stattdessen viel wahrscheinlicher, dass der Zug pünktlicher eintrifft. Wenn ich den zu spät kommenden Zug akzeptiere, kann sich die Situation zum Guten verändern. Im Grunde „liebe" ich die Situation, ich nehme sie an, wie sie ist. Ich höre damit auf, sie ändern und verbessern zu wollen.

Übung 19: Mit den Augen des Herzens sehen

Im Herzen kann ich mir auch meine Gefühle auf völlig neue Art anschauen. Wir beginnen heute, die Dinge mit den Augen des Herzens zu sehen:

Wähle dir ein unangenehmes Gefühl aus, das du öfter hast. Vielleicht ärgerst du dich oft
oder fühlst dich immer wieder zurückgesetzt und schlecht behandelt?

Nun schließe deine Augen und stell dir vor, wie du im Morgenlicht über eine frühlingshafte Wiese läufst. Die Wiese ist voller Blumen und Blüten.
Irgendwann kommst du an ein Tor aus Rosen. Wie sieht dieses Tor aus?
Geh durch das Tor. Nun hat sich die Landschaft verwandelt und erinnert uns an Irland: Vor dir liegen grüne Hügel und Felder.

Geh nach links einen kleinen Pfad entlang und trete dann bald rechts neben dem Weg in eine kleine Mulde. Hock dich hier hinein und denke intensiv an dein Gefühl. Geh ganz in dieses Gefühl hinein. Sobald du von ihm stark ergriffen bist, trittst du aus der Mulde heraus und gehst auf einen kleinen Hügel.

Oben begegnest du dem Wesen deines Gefühls. Schau es dir mit den Augen deines Herzens an. Wie sieht es aus? Ist es ein Tier, eine Pflanze, ein Bild oder ein Mensch?

Geh um dieses Wesen herum und gib ihm, was es am meisten braucht. Lass die Liebe aus deinem Herzen zu diesem Wesen wandern und schau, ob es sich verwandelt. Gib ihm Liebe, solange es sich gut anfühlt.

Dann verabschiede dich von ihm und geh zurück zum Rosentor.

Tag 20

Dein Herz befragen

Das Herz hat noch eine weitere Fähigkeit, die ich mir beim Hoppen nutzbar mache: Ich kann ihm auch Fragen stellen. Zur Einstimmung in die doppelte Verständnistechnik dient die heutige Übung, Antworten vom Herzen wahrzunehmen. Heute geht es darum, die „Herzensohren" zu entwickeln.

In den letzten Tagen hast du geübt, die Liebe im Herzen auf unterschiedliche Weisen zu aktivieren. Als heilsamer Nebeneffekt wird dein Herz immer offener und wacher. Um nun die Stimme deines Herzens hören zu können, brauchen wir noch die innere Stille, denn während des normalen Tagesbewusstseins sind unsere Gedanken sehr laut und übertönen unaufhörlich das feine Stimmchen des Herzens. Wir gehen darum heute ins Herz, damit wir seine Stille kennenlernen.

Frage dich aber zuerst: „Welcher Mensch stört mich ganz besonders? Welcher Arbeitskollege schafft es durch seine Art immer wieder mühelos, mich auf die Palme zu bringen?" Du kannst die folgende Übung auch gern nacheinander mit verschiedenen Menschen machen, die dir hin und wieder den Nerv töten. Mit welchem Verhalten dieser Menschen hast du besonders große Probleme?

Wann immer es Streit und Probleme mit anderen Menschen in meinem Leben gibt, so habe ich die Wahl, mich weiterhin zu ärgern und nichts zu ändern - dann bleibe ich, wie ich bin, und alles bleibt beim Alten – oder ich beschreite einen neuen Weg und frage mein Herz: Wie ist dieser Mensch innerlich wirklich hinter seiner Fassade? Was soll ich durch diesen Menschen lernen? Als Antwort findet sich oft eine bisher unbekannte Schönheit, eine Qualität in diesem Menschen, die meist gerade das Gegenteil dessen ist, was er im Außen normalerweise zeigt. Diese Qualität ist ihm vielleicht selbst noch gar nicht bekannt, wird aber vom Blick des offenen Herzens geradezu eingeladen oder freigelegt und kann sich dadurch mehr und mehr zu entzünden und in diesem Menschen Platz zu finden. Erinnere dich: „Willst du einen König als Mann, beginne, den König in ihm zu sehen!"

Fang doch einfach mal an, fünf gute Eigenschaften bei der Person zu finden, die dich besonders aufregt. Schreib sie dir in dein Tagebuch, auch wenn es schwer fällt.

Übung 20: Die Stimme des Herzens hören

Wähle eine Person aus, mit der du wiederholt Probleme hast, mit der du immer wieder „aneinanderrasselst". Frage heute dein Herz, warum du mit diesem Menschen Probleme hast. Um die Stimme deines Herzens zu hören, beginne wie immer:

Lege die Hände auf deine Brust und lass Wärme entstehen. Spüre deinen Atem und lass den Kontakt zum Herzen größer werden. Sicher hast du in den letzten Tagen bereits gelernt,

wie du deinen besonderen Kontakt zum Herzen am einfachsten aufbauen kannst.
Dann stell dir vor, wie du von oben auf einen See blickst.
In seiner Mitte spiegelt sich die Sonne. Du schaust in das Glitzern und verfolgst die kleinen Wellen, die über die spiegelglatte Oberfläche ans Ufer laufen.
Blicke eine Weile auf dieses meditative Bild und versinke in diesem See und seiner Stille.
Denk dann an diesen für dich problematischen Menschen und frage dein Herz: „Was soll ich von diesem Menschen lernen? Welches neue Verhalten von mir wäre nützlich, um diesem Menschen anders zu begegnen? Was soll mir dieses Problem mit diesem Menschen zeigen? Was spiegelt mir dieser Mensch?"
Dann mache dich ganz leer, und lass die Antwort in deinem Geist auftauchen, so wie eine Luftblase vom Grunde des Sees nach oben steigt.
Warte auf eine Antwort und lass dich überraschen. Schreib dir deine Antwort auf!

Tag 21

Die doppelte Verständnistechnik

Wie war es, die Stimme deines Herzens wahrzunehmen? Hast du schon etwas gehört? Wenn nicht, sei nicht traurig. Es ist noch kein Meister vom Himmel gefallen. Und wir haben noch einige Tage Zeit, immer wieder aufs Neue den Versuch zu wagen, das Herz zu hören.

Die meisten Menschen sind sich nie so ganz sicher, ob es wirklich ihr Herz ist, das sie da wahrnehmen, oder ob ihr Verstand ihnen nur etwas vorgaukeln möchte. Sei unbesorgt! Dieses Thema haben alle Menschen, die das Herz zum ersten Mal hören wollen. Auch bei mir war das so. Es ist einfach nur eine Stufe, die es zu überwinden gilt. Bleib einfach locker, und kümmere dich nicht weiter darum. Je mehr du übst, umso sicherer wirst du werden, die Herzensstimme zu erleben. Irgendwann wirst du dich schmunzelnd an diesen Moment erinnern und denkst: „Jaja, damals war ich mir nicht so ganz sicher, was ich da höre. Aber heute, da bin ich es." Darum geh bitte einfach weiter! Es wäre nämlich schade, wenn du jetzt mit dem Üben aufhören würdest, denn dann würdest du dir die Chance selbst verbauen, deine Wahrnehmung zu schulen.

Bei der gestrigen Übung kamen dir hoffentlich ein paar neue Ideen, was dieser Mensch für dich bedeutet. Vielleicht sollst du lernen, dich mehr durchzusetzen. Vielleicht ist deine Aufgabe, mutiger zu sein. Vielleicht bist du eher ungeduldig und diese Person lehrt dich Geduld. Wie auch immer - dein Herz zu fragen, wird dir mehr Mitgefühl mit den schwirigen Kandidaten in deinem Leben schenken.

Im Grunde war es Bärbel, die diese Variante des Hoppens entdeckt hat. Ihr ging es immer gleich viel besser, wenn sie einen Grund fand, warum ihr dieser Mensch Probleme bereitete. Dann war alles nur noch halb so schlimm. Heute stelle ich dir Bärbels doppelte Verständnistechnik vor.

> **Übung 21: Die doppelte Verständnistechnik**

Als ersten Schritt such dir bitte wieder einen „Problemmenschen" aus. Egal, ob es ein Nachbar, Verwandter, Partner, Freund oder Kollege ist. Der Ansatz ist wieder: Dieser Mensch ist durch irgendeine Resonanz zu dir in dein Leben gestoßen. Du kannst diesen Menschen nicht ändern, und das wollen wir auch gar nicht. Aber du kannst dich in deinem Verhalten und deiner Haltung diesem Menschen gegenüber verändern, und dies ändert dann eure Resonanz. Wenn du dich änderst, änderst du auch diese Beziehung. Ein Problem in der Beziehung ist immer auch ein Problem von dir und in dir!

Bei der doppelten Verständnistechnik gibt es zwei Sichtweisen. Zuerst gehen wir in den Menschen, mit dem du Probleme hast, hinein, verschmelzen mit ihm und fragen ganz einfach unser Herz, so wie du es gestern geübt hast: **„Wenn ich dieser bestimmte Mensch wäre und mich so komisch verhalten würde, warum würde ich das tun?"**

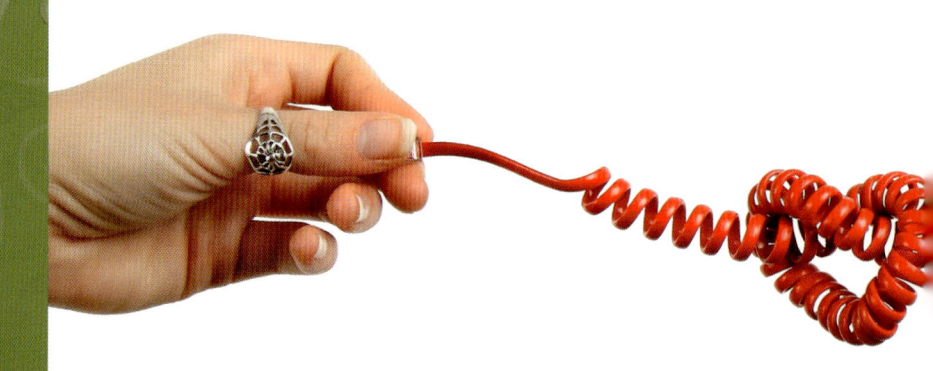

Sicher findest du dann Ansatzpunkte, was in deinem Leben geschehen müsste, um dich auch so zu verhalten. Wenn du den anderen besser verstehen kannst, wird sein Verhalten für dich kein Angriff mehr sein, sondern es wird nur aus den besonderen Umständen heraus geboren. Du kannst dich viel freier mit diesem Menschen fühlen, denn du verstehst: Aha, der meint das gar nicht so. Der tut das nicht wegen mir, der ist einfach nur so, aus einem Grund, aus dem ich mich unter denselben Umständen selbst auch so verhalten würde. Das Schöne ist: Wenn du diese neue Sichtweise bekommst, dann kann sich über kurz oder lang dieser Mensch dir gegenüber anders verhalten. Sein altes Verhalten hatte er ja nur aus der alten Resonanz heraus. Wenn du dich veränderst, ändert sich auch der andere.

Im zweiten Ansatz sehen wir unsere eigene Position ganz neu und fragen unser Herz: **„Warum habe ich mir so eine Situation mit diesem Menschen ausgesucht? Warum passiert mir das mit diesem Menschen?"** Wieder wirst du Antworten finden, die deine Scheuklappen auflösen und dir eine neue Betrachtungsweise dieses Menschen erlauben.

Schreib dir deine Antworten der beiden Herangehensweisen auf!

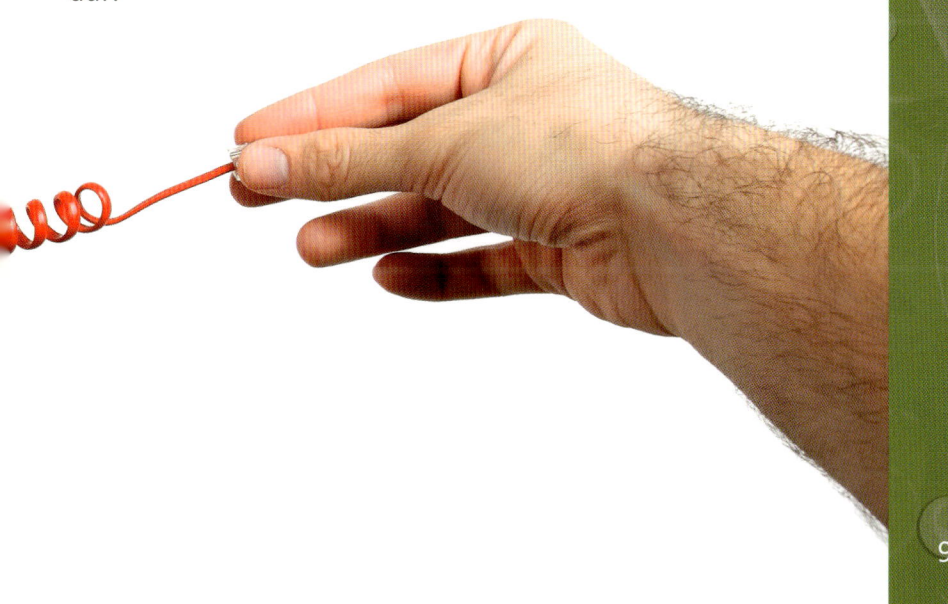

Tag 22

Deine Resonanz erkennen

Sicher hast du interessante Ideen erhalten, wenn du dein Herz in Form der doppelten Verständnistechnik befragt hast. Nun führen wir die Herzenstechnik und die doppelte Verständnistechnik zusammen:

Die erste Frage der Verständnistechnik war die Position des Gegenübers: „Wenn ich mich selbst so verhalten würde, warum würde ich dies machen?" Ich finde bei der Antwort heraus, dass ich mich unter bestimmten Umständen. auch so verhalten könnte. Dies formuliere ich nun um, indem ich sage: „Es gibt einen Teil in mir, der dazu führen könnte, mich in meinem Leben manchmal genauso zu verhalten, wie es dieser Mensch mir gegenüber immer wieder tut." Nun wende ich die Herzenstechnik auch für diesen Teil in mir an, den ich bei der Antwort der Verständnistechnik gefunden habe: „Ich liebe auch diesen Teil in mir, der sich wie dieser Mensch verhalten könnte. Ich nehme ihn in mein Herz. Ich umhülle ihn mit meiner Liebe. Auch dieser Teil ist ein Teil von mir." Und das Schöne ist: Wenn ich lerne, mich mit diesem Teil anzunehmen, dann kann ich auch den Menschen mehr annehmen, mit dem das Problem besteht. Dann kann das Problem verschwinden.

Die zweite Frage der Verständnistechnik blickt neu auf meinen eigenen Standpunkt: „Was soll mir diese Situation mit diesem Menschen zeigen? Was hat dazu geführt, solche Probleme in mein Leben zu ziehen? Welche Resonanz liegt diesem Problem zu Grunde?" Die Antwort, die ich hier finde, kann ich wieder deuten, ähnlich wie bei Frage 1:

Es muss einen Teil in mir geben, der in Resonanz mit diesem Problem steht. Es gibt einen Teil in mir, der dieses Problem herbeigeführt hat. Und wieder kann ich die Herzenstechnik auch mit diesem Teil in mir vornehmen. Ich liebe auch diesen Teil in mir.

Als beeindruckendes Beispiel nehmen wir doch die erste E-Mail aus dem Jahre 2007, mit der ich erstmals in Kontakt mit Hooponopono kam:

Darin wurde Dr. Len beschrieben, ein hawaiianischer Therapeut, der eine ganze Abteilung eines psychiatrischen Krankenhauses mit Hilfe von Hooponopono heilen konnte. Dazu sprach er gar nicht mit den Patienten selbst, sondern er nahm nur die Akten zur Hand und konnte so den Patienten helfen. Nach intensiver Arbeit von Dr. Len konnte später die ganze Abteilung mit Schwerstkranken sogar geschlossen werden. Was hatte er also getan?

Dr. Len nahm die Akte und fragte sich, ähnlich wie bei der doppelten Verständnistechnik, was dieser Patient ihm sagen sollte. Viele Patienten waren Kriminelle. Er fragte sich zum Beispiel: „Wenn ich dieser Gewaltverbrecher wäre, warum würde ich mich so verhalten?". Er fand, genau wie du oder ich, auch einen Teil in sich, der manchmal ausrasten wollte und dem alles manchmal zu viel wurde. Auch in ihm gab es einen Teil, der manchmal in seinem Inneren schrie: „Der Mensch nervt mich total! Ich könnte ihn umbringen!" Genau diesen Teil in sich heilte Dr. Len. Und so heilte er auch seine Patienten.

Übung 22:

Nimm dir bitte deine Antworten der gestrigen Übung 21 zur doppelten Verständnistechnik noch einmal zur Hand. Mach bitte jetzt zu deinen Antworten auf die Fragen eins oder zwei der Verständnistechnik die Herzenstechnik wie oben beschrieben: **„Ich liebe den Teil in mir, der sich auch so verhalten würde."** Oder: **„Ich liebe den Teil, der mit dieser schwierigen Situation in meinem Leben in Resonanz steht."**

Gib so der Liebe eine Chance, den Teil in dir zu verändern.

Tag 23

Das Auto der Freundin

Die doppelte Verständnistechnik will selbstverständlich geübt sein. Darum möchte ich mit dir gemeinsam in den nächsten Tagen üben, ein paar Antworten auf ausgesuchte Fragen zu finden. Wenn du außerdem noch üben möchtest: Unter www.baerbelmohr.de gibt es ein Forum, wo es auch ein Unterforum eigens zum Hoppen gibt. Du bist herzlich willkommen!

> Übung 23: 1. Übung zur doppelten Verständnistechnik

Einer meiner Freunde hat sich das Auto seiner Lebensgefährtin geliehen und fährt dabei leider den Wagen kaputt. Er lässt den Schaden in einer Werkstatt sofort reparieren, besorgt ihr einen Leihwagen für die Ausfallzeit und entschuldigt sich natürlich bei ihr. Damit denkt er, sei die Sache erledigt. Dem ist aber nicht so: Die Freundin macht ihm eine Szene, ist stocksauer, und die beiden reden zwei Tage lang nicht miteinander. Was ist nur los zwischen den beiden? Hast du Lust, dieses Thema mitzuhoppen?

Also, die erste Frage wäre: „Wenn ich diese Freundin wäre, warum würde ich so gereizt und verletzt reagieren?"
Um dein Herz zu fragen, gehe genauso vor, wie du am Tag 20 geübt hast:
Lege beide Hände auf deine Brust. Spüre dein Herz und fühle deinen Atem. Lass den Kontakt zum Herzen stärker werden. Dann stell dir vor, du blickst auf einen spiegelglatten See im Sonnenlicht. Dein Blick folgt den kleinen Wellen, die über die Oberfläche des Sees langsam ans Ufer laufen. Sage dir innerlich: **„Ich gehe in den Raum der Stille."** Lass den Frieden des Sees sich in dir ausbreiten.
Dann stelle dir die oben genannte Frage der doppelten Verständnistechnik: **„Warum würde ich mich so verhalten wie die Lebensgefährtin dieses Freundes?"**
Schreibe dir deine Antwort auf.

Bei der zweiten Frage gehst du ganz genauso vor.
Du fühlst dein Herz, blickst auf den ruhig daliegenden See und stellst die folgende Frage direkt an dein Herz: **„Wenn ich dieser Freund wäre, warum würde die geschilderte Situation mit der Lebensgefährtin geschehen?"**
Lass die Antwort aufsteigen, wie eine Luftblase vom Grunde des Sees. Mach dich einfach leer, und warte ganz ruhig auf eine Antwort.
Schreibe sie am besten in dein Tagebuch.

Am Ende nimm jeden der beiden Teile in dein Herz, die du bei Frage 1 und Frage 2 in dir gefunden hast. Bei Frage 1:

„Auch in mir gibt es Teile, die verletzt und gereizt reagieren. Ich nehme diese Teile in mein Herz. Ich umhülle sie mit der Liebe und nehme sie ganz an."

Und bei Frage 2: „**Auch ich habe Teile in mir, die mir Situationen ähnlicher Art mit meinem Partner bescheren. Ich liebe auch diese Teile und nehme sie ganz in meinem Herzen auf.**"

Tag 24

Die Motorrad-Tour

Vor der zweiten Übung zur Verständnistechnik gebe ich dir zunächst noch meine Antwort, die ich bei der gestrigen Übung gefunden habe. (Übrigens hat sich das Pärchen bald wieder versöhnt.)

Frage 1: Wenn ich mich so verhalten würde wie die Frau aus dem Beispiel, dann wäre ich so sauer auf meinen Beziehungspartner, weil er bei allen Problemen so mit mir umgeht. Er denkt, er hätte alles richtig gemacht und die Beule am Auto repariert. Er fragt aber gar nicht, wie es mir dabei geht. Er übergeht mich in dieser Sache und das tut er immer. Jetzt reicht es mir! Ich fühle mich von ihm übersehen. Mein Mann respektiert mich nicht, die Beule im Auto ist nur ein Ausdruck des Missfallens, das ich gegen ihn spüre. Es geht nicht um die Beule, es geht mir um das Nicht-Gesehen-sein. Ich liebe den Teil, der sich nicht gesehen fühlt. Ich liebe den Teil, der sich übergangen fühlt, immer und immer wieder. Ich gebe diesem Teil in mir meine ganze Liebe.

Frage 2: Wenn ich dieser Freund wäre, dann würde ich solche Situationen in mein Leben ziehen, um zu erkennen, dass meine Lebensgefährtin ein Stück weit Recht hat. Es stimmt: Solche Lappalien sind mir nicht wichtig. Darum kann ich auch nicht verstehen, wenn meine Freundin sich so sehr über die kleine Beule am Auto aufregt. Mir ist völlig fremd, einem Gebrauchsgegenstand so großen Wert beizumessen. Ich beschäftige mich viel lieber mit Theorien und Ideen. Ich setze mich lieber mit neuen und ungewöhnlichen philosophischen und spirituellen Fragestellungen auseinander. Eigentlich ist mir alles, was auf dieser Welt geschieht, nicht wichtig. Ich mag mich einfach nicht mit den Wehwehchen meiner Frau herumschlagen. Vielleicht sollte ich dies aber öfter tun, denn meine Freundin ist mir doch sehr wichtig. Also: Ich liebe diesen Teil, der sich nicht mit Lappalien auseinandersetzen mag. Ich liebe den Teil, der lieber in Theorien schwelgt. Ich liebe den Teil, der meine Freundin nicht genügend wertschätzt.

Übung 24: Eine alltägliche Situation hoppen

Angenommen, ein Freund erzählt dir, dass er gestern alleine eine Motorrad-Tour machen wollte. Er holte sein Motorrad aus der Garage und wollte losfahren. Plötzlich fing seine Frau zu weinen an. Er hatte überhaupt keine Ahnung, was los war. Seine Frau fühlte sich offensichtlich verletzt. Hast du Freude daran, das Thema für diesen Freund zu hoppen?

Erste Frage der doppelten Verständnistechnik: **„Wenn ich diese Frau wäre, warum würde ich wohl anfangen, zu weinen?"**

Frage dich, indem du dein Herz spürst, und lass die Antwort langsam in dein Bewusstsein aufsteigen.
Schreibe dir bitte deine Antwort auf.

Zweite Frage der doppelten Verständnistechnik: **„Wenn ich dieser Freund wäre, warum würde ich mir die Situation mit der weinenden Frau in mein Leben ziehen?"**

Frage wieder dein Herz und schreibe dir die Antwort auf.

Tag 25

Warum verletze ich meinen Partner?

Zuerst einige Antworten zum gestrigen Hoppen. Sie sind Bärbels Buch Zweisam statt einsam entnommen, in dem viele Tricks vermittelt werden, um den/die ideale/n Partner/in zu finden und - was noch wichtiger ist - das Glück auch wirklich dauerhaft genießen zu können. Mit dem Hoppen lassen sich gerade in Partnerschaften viele Verbesserungen und Einsichten erzielen.

Wenn ich diese Frau wäre und weinen würde, wenn mein Mann eine Motorrad-Tour machen möchte, dann würde ich das tun, weil:

- das Verhalten meines Partners eine alte Verletzung in mir „antriggert".

- ich lernen möchte, zu verzeihen. Ich habe immer zwei Möglichkeiten der Reaktion. Erstens: Ich bin verletzt und traurig und wachse nicht, oder zweitens: Ich vergebe und wachse.

- ich es gar nicht mehr spüren würde, wenn alles in meiner Beziehung perfekt wäre. Also erschaffe ich mir Verletzungen, um auch das Schöne wieder zu sehen.

- ich mir innerlich selbst nicht genug Liebe gebe und sie daher im Außen suche. Ich denke, dass ich den Partner brauche und eigentlich ist es gut, dass ich mich verletzt fühle, denn dies macht mir mein Thema bewusst.

Zweite Frage: Wenn ich der Freund wäre, der die Motorrad-Tour machen möchte, warum hätte ich mir diese Situation erschaffen?

- Manchmal überfordere ich mich selbst damit, immer lieb und nett sein zu wollen. Dabei unterdrücke ich mich andauernd selbst. Aus reiner Überforderung verliere ich dann manchmal die Kontrolle und bin verletzend zu meiner Partnerin, ohne dies wirklich zu wollen.

- Ich verletze, weil ich manchmal so mit mir beschäftigt bin, dass ich auf Notstrom laufe. Ich kann dann nicht auf andere achten. Es ist für andere einfach weder Rücksicht noch Liebe mehr da. Es geht einfach gerade nicht besser.
- Ich verletze nie bewusst, sondern nur unbewusst. Ich verletze den Partner, weil ich mich so über Reibung definieren kann.

- Ich weiß überhaupt nicht, was der Partner von mir erwartet. Daher tue ich meist das, von dem ich annehme, dass er es gut findet. Das ist dann aber oft nicht so.

- Es ist normal, dass ich andere verletze, wenn ich meinen Weg gehe. Als ich meinen Weg begann, bei meiner Geburt, habe ich meiner Mutter bereits Schmerz zugefügt. Wenn ich meinen Weg gehe, kann ich nicht immer Rücksicht auf andere nehmen. Das tut denen dann manchmal auch weh. Umgekehrt, wenn ich nur Rücksicht nehmen würde, ist es sicher die perfekte Methode, meinen eigenen Weg nicht zu gehen, oder?

Übung 25

Denke an verschiedene Situationen zurück, in denen du deinen Partner einmal verletzt hast. Mache die Herzenstechnik mit jedem Teil in dir, der mit diesen Situationen in Resonanz ist und war. **„Ich liebe den Teil in mir, der die Tendenz hat, meinen Partner zu verletzen."**

Tag 26

Kleine Wunder, die geschehen

Viele kleine und große Themen durfte ich mir mit Hilfe des Hoppens in den letzten Jahren in Seminaren gemeinsam mit vielen Teilnehmern anschauen. Auch kleine Wunder waren immer wieder einmal zu Gast. Hier möchte ich dir zwei davon erzählen:

Eine junge Frau sprach ganz offen über das Problem mit ihrem Freund, der aus ihrer Sicht zu viel Alkohol trinkt. Sie selbst lebt völlig abstinent. Wir sprachen über ihren Anteil an diesem Thema. Ganz sicher gibt es auch in ihr einen Teil, der gern feiert und den Alltag dabei vergessen möchte, nur lebt sie ihn in dieser Form kaum aus. Ihr Partner tut dies dann ein Stück weit stellvertretend für sie. Da sie mit diesem Menschen zusammenlebt, kann sie ihn nicht als völlig von sich selbst getrennt sehen.

Für sie war diese ganzheitliche Betrachtungsweise neu, aber sie konnte viel damit anfangen. In der nächsten Pause schrieb sie ihrem Freund eine nette SMS (ohne das Thema Alkohol zu erwähnen). Kurz darauf kam sie fassungslos zu mir gerannt und zeigte mir die Antwort des Mannes. Er schrieb ihr einfach so: „Weißt du, ich mache jetzt einmal Pause mit dem Alkohol."

Paul, unser südamerikanisches Au-pair, war für das Hoppen Feuer und Flamme. Einmal fuhr er in der S-Bahn nach Hause und hatte ein junges Pärchen als Sitznachbarn. Der Junge schaute cool aus dem Fenster, das Mädchen schmachtete ihn an und wollte beachtet werden. Paul fragte sich innerlich, „Was will mir diese Situation sagen?" und fragte weiter: „Wenn ich dieser junge Mann wäre, warum würde ich mich so verhalten?" Nun, er brauchte nicht lange zu suchen, denn er selbst verhielt sich seinen (zahlreichen) Verehrerinnen gegenüber meist genauso. Männlich zu sein bedeutet doch, cool zu sein und keine Gefühle zu zeigen, so zumindest glaubte er bis zu diesem Zeitpunkt. Angeregt durch diese „kosmische Erziehungsmaßnahme" überdachte er sein bisheriges Verhalten und sagte sich: „Ich liebe den Teil in mir, der sich so gegenüber Mädchen verhält. Ich danke diesem Teil und ich vergebe ihm!" Er schloss kurz die Augen und nahm den Teil in ihm, der sich so verhalten hatte, in sein Herz. Er stellte sich intensiv vor, diesen Teil in sein Herz zu nehmen und zu lieben. Genau im Moment, in dem er die Augen wieder öffnete, wandte sich der junge Mann seiner Freundin zu und küsste sie! Paul war völlig aus dem Häuschen. Kaum zu Hause, erzählte er uns „brav" die ganze Geschichte und stammelte ergriffen: „Danke, danke, danke!"

Übung 26: Kleine oder größere Wunder

Schau zurück auf die letzten 25 Tage, an denen du diesen Kurs absolviert hast.
Gab es kleine und vielleicht sogar größere Wunder, die in deinem Leben geschehen sind? Kannst du von Dingen berichten, mit denen du niemals gerechnet hättest?
Schreibe dir eine Liste in dein Tagebuch und sammle die kleinen Wunder, die jeden Tag geschehen.

Wenn du deinen Fokus auf solche Wunder richtest, öffnest du die Tür, damit noch mehr geschehen können.

Tag 27

Mit anderen hoppen

Langsam neigt sich dieser Kurs seinem Ende zu. Darum möchte ich dich heute schon bitten, darüber nachzudenken, wie du für dich mit dem Hoppen nach diesem Kurs weitermachen willst. Am besten wäre es aus meiner Sicht, dich selbst zu verpflichten, regelmäßig Menschen zu dir nach Hause einzuladen, um gemeinsam mit ihnen zu hoppen. Mach es doch einmal im Monat und beginne damit, deinen eigenen Kurs zu leiten. Beim Lehren lernst du sicher selbst am meisten.

Hoppen für dich alleine ist sicher gut und richtig. Dabei kannst du immer wieder Dinge klären und schnell Hilfe und Erleichterung finden.
Mit anderen zu hoppen ist aber fast schon eine andere Technik. Es ist vor allem deshalb interessant, weil es dich davon abbringt, zu meinen: „Das, was ich hier für mich entdeckt habe, ist die einzigmögliche Variante des Problems. Ich hab jetzt herausgefunden, WARUM etwas WIE ist..."

Wie wir eben bei der letzten Übung mit dem „Verletzen des Partners" sehr gut sehen konnten, kommen in einer Gruppe immer mehrere, zum Teil völlig verschiedene Antworten auf dieselbe Frage heraus. Und das ist auch ein sehr wichtiger Teil des Verständnis- und Heilungsprozesses, denn man löst sich aus seiner Vorstellung „Ich hab Recht" oder „Ich weiß jetzt, was wie bzw. warum ist".

Mit Gruppen zu Hoppen eröffnet neue Perspektiven und erweitert den geistigen und emotionalen Horizont. Man tut das nicht für andere, die Hilfe brauchen. Das ist aus meiner Sicht etwas, das man eigentlich nur für sich selbst tut, womit man eigene Anteile integriert, selbst wenn man theoretisch mit dem Problem rein gar nichts zu tun hat.

Wie sagen die Hawaiianer so schön: „So lange noch Wut in der Welt draußen ist, muss sie auch irgendwo in mir noch sein. Denn wenn ich sie in mir total gelöscht hätte, könnte sie auch in der Welt draußen nicht mehr sein. Alles ist eins und miteinander verbunden."

Infolgedessen hat letzten Endes alles etwas mit mir zu tun, mal mehr, mal weniger. Und durch das Hoppen kannst du deinen Anteil in allem finden und auch heilen, egal ob es die Klimakatastrophe, das Waldsterben, die Vogelgrippe oder die Steuererklärung ist.

Ich selbst finde das Hoppen der Weltprobleme etwas schwierig. Zu groß ist dabei aus meiner Sicht die Gefahr, von meinen eigenen Themen abzulenken. Zuerst einmal sollten wir alle vor unserer eigenen Tür kehren. Hier ist genügend zu tun. Durch das Praktizieren des Hooponopono kann jeder von uns viele kleine Dinge tun, die mehr Liebe in die Welt bringen.

Trotzdem möchte ich dir auch noch das Hoppen von diesen „großen" Problemen anbieten, denn es zeigt so schön, welche Dimension das Hoppen im Grunde hat. Alles ist mit uns verbunden, und davon handelt auch die heutige Übung.

Übung 27: Probleme in der Welt

Stell dir bitte heute die Frage: **„Was in mir ist in Resonanz mit der Bankenkrise und der Weltfinanzsituation?"**
Frage wieder dein Herz, und lass die Antwort in dir aufsteigen. Dann nimm den Teil in dir, der eine Resonanz zur Finanzkrise hat, in dein Herz und schenke ihm deine ganze Liebe. Schreib dir deine Antwort auf!

Morgen gebe ich dir eine Reihe von Antworten, die wir dazu gefunden haben.

Tag 28

Ich und du und die Weltwirtschaftskrise

Wenn immer mehr Menschen Angst um ihren Arbeitsplatz haben und über Stress oder gar Burn-Out klagen, dann ist es wohl auch im Inneren der Menschen derzeit nicht gerade kuschelig. Die Welt da draußen zeigt uns nur, dass einfach alles zu viel ist – für den Einzelnen wie auch für die Welt als Ganzes. Die Krise da draußen hat auch mit mir etwas zu tun.

In einem spirituellen Sinne wird die Praxis des Hooponopono sicher zu einer schleichenden Globalisierung im Denken führen. Wenn die Grenzen im Außen langsam verschwinden, wie es beispielsweise Europa mit seinem Vereinigungsprozess vorgemacht hat, dann lösen sie sich auch in unserem Inneren auf. Wenn wir heute über TV-Nachrichten und Internet an den Geschehnissen selbst in weit entfernten Ländern Anteil nehmen können, dann beginnen wir als Menschheit, uns als ein Ganzes zu verstehen – und nicht mehr nur als Individuen. Hooponopono ist in der Lage, die Grenzen aufzulösen und die Trennung zu überwinden.

Nun zu den Antworten der gestrigen Frage: „Was in mir ist in Resonanz zur Weltfinanzkrise?" Hier eine Auswahl von möglichen Antworten, vielleicht ist deine ja auch dabei:

-Wenn ich mich frage, was in mir in Resonanz mit der Finanzkrise ist, dann ist es meine Gier. Und die liebe ich jetzt.

-Ich habe herausgefunden, dass ich ganz einfach Katastrophen liebe.

-Meine Resonanz ist mangelndes Vertrauen in die Kraft der Liebe. Ich denke insgeheim, dass ja doch das Böse stärker ist. Wenn ich diesen Teil in mir liebe, dann merke ich, dass das Böse nur stark sein kann, solange ich meine Liebe zurückhalte und der Kraft meiner Liebe nicht vertraue. Je öfter ich „Ich liebe mich" zu mir und diesem Gefühl sage, desto deutlicher wird, dass „das Böse" nur gewinnen kann, wenn ich freiwillig darauf verzichte, die Macht meiner Liebe in der Welt wirken zu lassen, wenn ich Verantwortung abgebe und mich selbst klein mache. Es gibt nichts zu tun, außer die Liebe in mir wieder zu aktivieren und mir zu erlauben, auf einem heilen Planeten zu leben.

-Bei mir ist es mangelnde innere Disziplin und Maßlosigkeit. Wenn man jeden Tag mehr und mehr Eiscreme in sich hineinstopft, platzt man auch irgendwann (oder stirbt). Wenn ich ehrlich bin, halte ich keinerlei Maß mit meinem eigenen Geld und gebe immer ein kleines bisschen mehr aus als wirklich sinnvoll ist. Wenn das alle tun, kann es nicht gut gehen. Und wieso sollten ausgerechnet die anderen aufhören?

-Bei mir ist es die Angst vor dem existentiellen Ruin. Ich male mir das immer genau aus, was schlimmstenfalls passieren kann und dass ich nie genug Geld haben werde, dass ich diesem Bild viel zu viel Energie gebe. Das Weltfinanzproblem ist nur eine Art Hochrechnung meiner eigenen Situation.

-Ich höre in finanziellen Dingen zu wenig auf mein Herz und zu viel auf den Verstand. So etwas Schwieriges und in seinen Konsequenzen weit Verzweigtes wie Geld, sollte man aber nie ohne die innere Stimme verwalten. Unser Verstand ist grundsätzlich überfordert damit.

> **Übung 28: Wir nehmen die ganze Welt in unser Herz.**

Beginne - wie immer bei der Herzenstechnik- damit, beide Hände auf deine Brust zu legen. Spüre die Liebe in Form der Wärme, die nun aufsteigt.

Lass diese Wärme durch deine ganze Brust fließen.
Nun atme in dein Herz und lass den Atem vollgesogen werden mit dem Glitzern und Schimmern der Liebe in deinem Herzen.
Atme diesen Atem der Liebe aus und hülle dich damit ein, bei jedem Atemzug mehr und mehr.

Nun lass diese Wolke der Liebe größer werden. Mit Hilfe deiner Vorstellung gelingt dir dies sicher sehr gut.
Mach die Wolke so groß wie dein Zimmer, dein Haus, wie dein Ort oder deine Stadt.
Lass diese Wolke sich ausbreiten auf dein ganzes Land und schließlich, wenn es sich für dich richtig anfühlt, nimm mit Hilfe dieser Wolke gleich die ganze Welt in dein Herz.

Bleibe bei diesem Bild, solange es sich gut für dich anfühlt.
Schreibe dir auf, was du bei dieser Übung erlebt hast.

Tag 29

Die neue Dimension der Realitätsgestaltung

Unser erstes Buch zum Hoppen hatte den Untertitel: „Die neue Dimension der Realitätsgestaltung aus dem alten hawaiianischen Hooponopono.

Ich hoffe, ich konnte dir in diesem Kurs bis heute verständlich machen, wie es zu diesem Untertitel gekommen ist. Hoppen vermittelt immer mehr Menschen ein Bewusstsein, mit allem auf dieser Welt verbunden zu sein. Mit dem doofen Nachbarn genauso wie mit der Klimakatastrophe. Dadurch entsteht eine Gemeinschaft, in der sich jeder einzelne als „Weltenbürger" erkennt.

Früher, vor vielleicht 100 Jahren, haben wir uns vorwiegend mit unserer Familie, unserem Dorf oder unserer Stadt identifiziert. Heute öffnen wir uns in dieser Hinsicht weit mehr und informieren uns über andere Länder und Erdteile und nehmen auch am Geschehen an weit entfernten Orten dieser Welt teil. Noch nie waren so viele Informationen für so viele Menschen so schnell abrufbar. Diese Anteilnahme an allen anderen Menschen dieser Erde ist für mich ein starker Hinweis darauf, dass wir als Menschheit immer mehr in die Liebe finden. Hooponopono (und für mich besonders das Hoppen) ist ein Instrument dieser Liebe. Durch die Liebe, die in uns allen wächst, wurde diese hawaiianische Vergebungstechnik wieder bekannt und für viele anwendbar.

Beim Hoppen überlasse ich es der Liebe, die beste Lösung für mich und andere zu erzielen. Ich lasse mein Denken beiseite und nehme das Problem in mein Herz. Immer mehr Menschen und immer mehr Geschehnisse kann ich annehmen und finde mehr zu meinem inneren Frieden. Dieser wachsende Frieden in uns zeigt sich auch daran, dass sich die Grenzen in Europa immer mehr auflösen, und dass wir uns immer weniger als Deutsche, sondern mehr und mehr auch als Europäer fühlen.

Für mich persönlich zeigt sich beim Hoppen, wie die Probleme in meinem Leben aus mir selbst entstehen. Ein Problem, das im Außen entsteht, muss mit mir und meinem Inneren in Zusammenhang stehen. Etwas in meinem Leben ist falsch. Dann muss doch wohl in mir etwas falsch sein, in meinem Inneren. Statt zu klagen und zu schimpfen nehme ich das Problem in mein Herz, und gehe auf die Ebene der Liebe. Die Liebe wird schon wissen, was zu tun ist. Ich vertraue ihr ganz.

Liebe hat eine sehr starke, transformatorische Kraft. Erinnere dich an die Zeit deiner ersten Liebe. Die Welt erstrahlte im hellsten Licht. Das Glück sprengte beinahe dein Herz. Ungeahnte Kräfte machten sich in dir breit. Du fühltest dich eins mit deinem Partner, aber darüber hinaus auch mit den anderen Menschen. Diese Verbundenheit mit dem Leben wird heute als „Flow" bezeichnet.

Im Flow verschmelzen wir vollkommen mit dem, was wir tun. Wir vergessen Zeit und Raum, wie ein Kind, das selbstvergessen spielt. Wir fühlen uns verbunden mit unserer Tätigkeit. Boris Becker berichtet davon, bei seinen ersten Siegen in Wimbledon in einer Art „Zone" gewesen zu sein, in der er sein bestes Tennis spielte - ohne nachzudenken. Er war ganz eins mit seinem Spiel. Er war im Flow. Er war ganz im Sein.

Genau dorthin bringt mich auch das Hoppen. Ich lerne, die Menschen in meinem Leben immer mehr anzunehmen und lehne sie immer weniger ab. Ich lasse mich fließen, folge dem Fluss des Lebens und vertraue darauf, dass dieser Flow mich trägt. Dinge geschehen leicht und einfach. Probleme lösen sich oder treten erst gar nicht mehr ein.

Kleine und größere Wunder können geschehen.

> **Übung 29: Bestandsaufnahme meines Lebens**

Als letzte Übung dieses Kurses bitte ich dich, eine Art Bestandsaufnahme deines Lebens zu machen.

Wo stehst du heute? Wo standest du vor 10, 20, 30 Jahren? Schreib dir deine Erfolge auf, alles, was du erreicht hast. Blicke auf die Menschen um dich herum, die dir gut tun, die du liebst und die auch dich lieben. Welche Schwierigkeiten in deinem Leben hast du gelöst und überwunden, welche Hürden in deinem Leben gemeistert?

Du bist daran gewachsen. Schau voller Dankbarkeit auf dein Leben, deine Erfahrungen und deine Stärken. Sei dankbar für diese Teile in dir, für deine Fähigkeiten, und schenke auch ihnen heute ganz besonders deine Liebe, deine Dankbarkeit und deine Anerkennung. So machst du diese Teile noch stärker.

Tag 30

Hoppen in 30 Tagen geht zu Ende

Eine kleine Reise kommt heute an ihr Ziel.
Wir haben sie gemeinsam gemacht, wenn auch jeder für sich in seinem Zuhause. Wir waren dabei nicht nur über die Seiten dieses Buches miteinander verbunden, sondern haben uns auch über unsere Gefühle, Gedanken und gemeinsamen Erfahrungen miteinander vernetzt. Eine wichtige Botschaft des Hooponopono lautet:
Wir sind miteinander verbunden. Es gibt keine Trennung.

30 Tage ist der Zeitraum, von dem man annimmt, dass sich im Gehirn neue Verbindungen zwischen den Nervenzellen knüpfen können. Wenn ich 30 Tage lang ein neues Denken übe, dann wird es zu einer Gewohnheit, die sich verselbstständigt. Ich brauche mich nicht mehr zu quälen, um mich anders zu verhalten. Nein, mein Verhalten wird ein untrennbarer Teil von mir.

Ich wünsche dir, dass du diese Erfahrung nach Ende dieses Kurses für dich machen kannst. Hoppen ist ein Teil von dir geworden.
Ich biete den Inhalt dieses Buches auch weiterhin über einige Wochen im Jahr als Online-Kurs an, bei dem du jeden Tag zu einer bestimmten Zeit deine Lektion zugesendet bekommst. Näheres dazu findest du auf der Seite:
http://manfredmohr.mymentalcoach.de

Wie gesagt: Ich empfehle dir, eine eigene Gruppe zu gründen, um mit Freunden regelmäßig zu üben. Auf meiner Homepage www.manfredmohr.de und der Unterseite Hooponopono findest du etwa 20 Anbieter für Gruppen, denen du dich anschließen kannst. Hier ist auch alles Wissenswerte zum Hoppen online gestellt. Außerdem findest du Informationen für die Ausbildung zum Coach für Positive Realitätsgestaltung, die sehr am Hoppen orientiert ist. Ich biete sie jedes Jahr an, sie umfasst vier Wochenenden.

Die vorgestellten Übungen kannst du in deiner Art und Weise, so wie es für dich stimmig ist, weiter anwenden. Sei da ganz locker und trau dich ruhig, Übungen auch zu verändern und neue Formen auszuprobieren. Liebe möchte fließen, Liebe ist immer anders, und so dürfen auch diese Übungen von dir neu gestaltet werden.

Hoppen ist eine Technik der neuen Zeit. Jeder, der sich näher mit ihr beschäftigt, wird in kurzer Zeit in die Lage versetzt, aus eigener Kraft Verbesserungen in seinem Leben herbeizuführen. Jeder von uns hat es selbst in der Hand. Ich freue mich, dass du dich für dieses Buch entschieden hast und ich dich ein kleines Stück auf deinem Weg zum Glück begleiten durfte.

Ich wünsche dir alles Gute und frohes Hoppen!
In Verbundenheit
Manfred Mohr

Bücher, Hörbücher und DVDs von Manfred Mohr

Die fünf Tore zum Herzen

Koha, Burgrain, 2011

Die Kunst der Leichtigkeit

Ullstein, Berlin, 2011

Das Wunder der Dankbarkeit

Gräfe und Unzer, München, 2012

Das kleine Buch vom Hoppen

Schirner, Darmstadt, 2013

Das Wunder der Selbstliebe

Tischaufsteller, Gräfe & Unzer, München, 2013

Verzeih Dir!

Ullstein, Berlin, 2014

Weiterleben ohne dich

Nymphenburger, München, 2014

Das Wunder der Selbstliebe, DVD

Nymphenburger, München, 2014

Mit dem Herzen segnen

Koha, Burgrain 2014

Bestellung nicht angekommen

Goldmann, München, 2014

Die Wunderkraft des Segnens

Nymphenburger, München, 2015

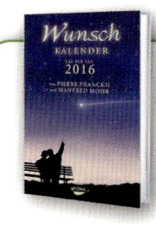

Wunschkalender 2016
(mit Pierre Franckh),

Koha, Burgrain, 2015

Bücher von Bärbel +Manfred Mohr

Fühle mit dem Herzen und du wirst deinem Leben begegnen	Cosmic Ordering- die neue Dimension der Realitäts- gestaltung	Bestellungen aus dem Herzen	Das Wunder der Selbstliebe	Die fünf Tore Hooponopono
Koha, Burgrain, 2007	Koha, Burgrain, 2008	Omega, Aachen, 2010	Gräfe und Unzer, München, 2011	2014 Koha, Burgrain, 2011

Ausbildung zum Coach für positive Realitätsgestaltung

In jedem Jahr biete ich die Jahres-Ausbildung zum „Coach für positive Realitätsgestaltung" an, seit Herbst 2015 auch in den Seminarräumen von Leben 2012 in Bramberg/Tirol. Die Ausbildung wendet sich an alle, die intensive Versöhnungsarbeit auf dennoch lockere und leichte Weise üben möchten. Das Segnen, Bestellen wie auch das hawaiianische Hooponopono sind wesentliche Bestandteile. An vier Wochenenden werden die vier Schwerpunktthemen behandelt:
meine Beziehung zu mir selbst: Selbstliebe,
meine Beziehung zu anderen: Selbstliebe und Partnerschaft,
meine Beziehung zu Geld und Berufung: Selbstliebe und Erfolg
und meine Beziehung zum Universum und zur Schöpfung: Selbstliebe und Wunscherfüllung.
Näheres findet sich dazu unter **www.manfredmohr.de** und Ausbildung.

Übrigens: Ab Herbst 2015 gibt es auch meine erste Hooponopono-App für dein Smartphone! Der Kurs „in 30 Tagen Hoppen lernen" bildet gemeinsam mit meinen Hooponopono-Büchern dessen Grundlage. Nähere Einzelheiten dazu findest du unter **mohr.momanda.de.**

LEBENSRAUM-Verlag präsentiert:

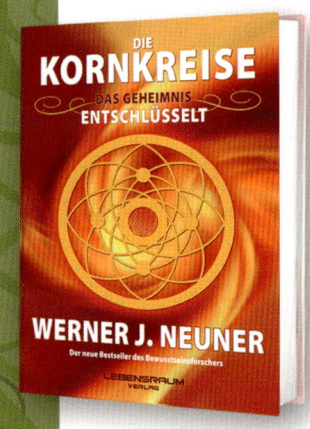

DIE KORNKREISE -
Das Geheimnis entschlüsselt
von Werner J. Neuner

Die Kornkreise erscheinen zum Großteil in den Getreidefeldern Südenglands. Heuer konnten wir in unserer näheren Umgebung am Ammersee in Bayern einen finden, der ein sehr großes mediales Echo ausgelöst hat. Wenn sie an Morgen sichtbar werden, sehen wir Erstaunliches. Sie berühren durch ihre Schönheit unser Herz. Und sie beflügeln unseren Geist, wenn wir jenen Code zu entschlüsseln beginnen, der durch ihre Geometrien und ihre Zahlenspiele zu uns spricht.

ISBN: 978-3903034006
Auch als E-Book erhältlich.

MYTHOS & KRAFT DER DRACHEN
von Werner J. Neuner

Der Drache Der Drache erwacht. Und mit dem erwachten Drachen wächst die reale Hoffnung auf eine wirklich neue Welt. Eine neue Welt, in der uns das Leben begeistert. Eine neue Welt, in der wir selbst, jeder von uns, wieder Ausdruck der Urkraft des Lebens sein wird!

ISBN: 978-3903034044

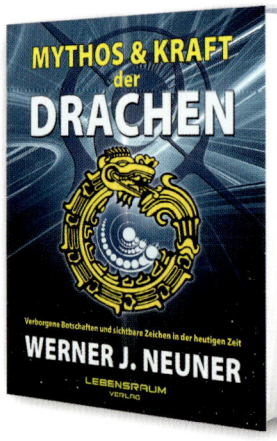

HELL-SEHEN -
Mit Erfolg in die Zukunft!
von Martin Zoller

Hellsehen ist nicht neu. Seit Menschengedenken wird die Kraft der Intuition eingesetzt um das Leben und seine Mysterien besser verstehen zu können.

Jeder Mensch hat in der Seele ein Kraftpotential, das es zu finden gilt. Martin Zoller hat es sich zur Lebensaufgabe gemacht, den Menschen zu helfen, diese eigene Kraft zu entfalten um ein gesundes, zufriedenes und erfolgreiches Leben zu führen. Ein Buch mit Remote Viewing Übungen und vielen Mediationsanleitungen.

**Kartenset:
DIE SEELENSCHLÜSSEL -
Im Zeichen der Kornkreise**
von Werner J. Neuner

Wie der Name bereits verrät, sind die Seelenschlüssel Tür- öffner zu deinen eigenen Seelenkräften. Sie sprechen vor allem jene Sehnsüchte an, die in dir, in deiner Seelenstruktur angelegt sind. Diese Sehnsüchte sind nämlich intensive und vor allem emotionale Wegweiser. Wenn es dir gelingt, diese Wegweiser zu erkennen und zu erspüren, eröffnen sich dir erfüllende und durchaus bewegende Lebenswege! Die Seelenschlüssel bestehen aus vier Ebenen. Sie beinhalten 13 Karten des Lichtes, 13 Karten aus dem Urgrund, 13 Schlüssel-Karten, sowie die vier Drachenkarten, welche die stärksten Karten dieses Sets sind.

**Kartenset:
MYTHOS & KRAFT DER DRACHEN
(Wege der Kraft)**
von Werner J. Neuner

61 Karten, ausführliches Booklet mit Legesystemen, sowie mit der Deutung jeder einzelnen Karte.
Willst du ein unbedeutendes, kleines Rädchen in den vorherrschenden Machtstrukturen bleiben? Oder suchst du nach dem Drachenweg, dem Weg der Kraft? Stelle an dieses Drachenorakel jene Fragen, die dein Leben momentan bestimmen. Das Orakel wird dir stets jene Antworten geben, die dir den Weg zu deiner eigenen Kraft zeigen... damit du deine tatsächliche innere Bestimmung auch wirklich leben kannst!

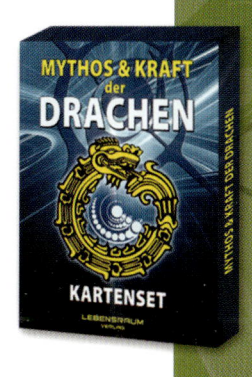

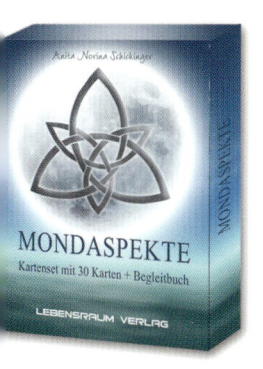

**Kartenset:
MONDASPEKTE**
von Anita Norina Schickinger

Der Mond spricht auf vielfältige Weise zu uns und wirkt auf unser Bewusstsein ein. Durch die Mondaspekte tauchst du in die Mondenergien ein - diese lassen dich immer wiederkehrende Situationen besser erkennen. Du kannst dich mit den Mondaspekten spirituell, emotional und mental weiter entwickeln, damit du deinen eigenen Schöpfungszyklus bewusster wahrnehmen kannst.

LEBENSRAUM
SEMINARZENTRUM

| MANFRED MOHR |  LUMIRA |  PASCAL VOGGENHUBER |  EVA MARIA MORA |  MARTIN ZOLLER |  JANA HAAS |

und zahlreiche weitere Referenten

Besuchen Sie uns im Seminarzentrum Lebensraum-Shop. Es erwarten Sie Büchern, CDs, DVDs, viele gut sortierte Räucherstäbchen, Räucherharze und das passende Zubehör. Ebenso gibt es bei uns auch Klangschalen, Pendel, Kerzen, Engel und vieles mehr.

SEMINARZENTRUM LEBENSRAUM, Sportstrasse 331, A - 5733 Bramberg